eビジネス新書

No.412

週刊 東洋経済

JN037899

メタバース革命
暗号資産&NFT

週刊東洋経済 eビジネス新書 No.412

暗号資産&NFT

本書は、東洋経済新報社刊『週刊東洋経済』2022年1月29日号より抜粋、加筆修正のうえ制作しています。情報は底本編集当時のものです。(標準読了時間 90分)

暗号資産&ＮＦＴ　目次

〔プロローグ〕

ビットコイン　ブーム再燃の必然

かつては日本が中心だった暗号資産（仮想通貨）ブームが、米国から戻ってきた。今の勢いや産業へのインパクトは比較にならないほど強い。

さかのぼること4年。2018年1月26日の夜、大手交換所のコインチェックの本社がある東京・渋谷駅南口の一角は喧噪に包まれていた（現在は移転）。

約580億円相当の暗号資産が流出した——。その日は昼から「大事件が起きた」との情報が飛び交っていた。しかしベンチャー企業だったコインチェックの対応は後手に回り、顧客や記者が本社前へ押しかける事態に発展。結局、会社が正式な発表と会見を行ったのは同日深夜だった。

当時、金融庁は暗号資産を業界として育成していく方針だった。17年4月施行の改正資金決済法により、世界で初めて仮想通貨を法律で定義し交換業者の登録制を導入した。同9月には業者の一斉登録を行い、業界各社は合同会見を開き喜びの表情を浮かべていた。

しかしコインチェック事件で風向きは一転、金融庁は業界の規制強化に踏み切った。登録済みの交換所を含め、行政処分を次々に実施。一部の登録業者については「当局に事実と異なる説明を行う企業風土など経営管理態勢に問題あり」とまで言及した。

これに対しある交換所の幹部は、「まるで地獄のような時期だった。官僚たちのルサンチマン（怨恨・遺恨）に翻弄された」と恨み節を漏らすほどだ。

インフレ対策以外の要因

そんな「冬の時代」に耐えてきた暗号資産業界が活況に沸いている。代表的な暗号資産、ビットコインの価格は20年後半から徐々に上昇し、21年11月には777万円（当時の為替レート）と事件前ピーク価格の3・5倍になった。

きっかけとしては、コロナ禍を受けた中央銀行の大規模な金融緩和、政府の財政出動や経済対策がある。株式市場も同様の要因で上昇したが、ビットコインをはじめとする暗号資産にはインフレヘッジとしての役割も期待される。

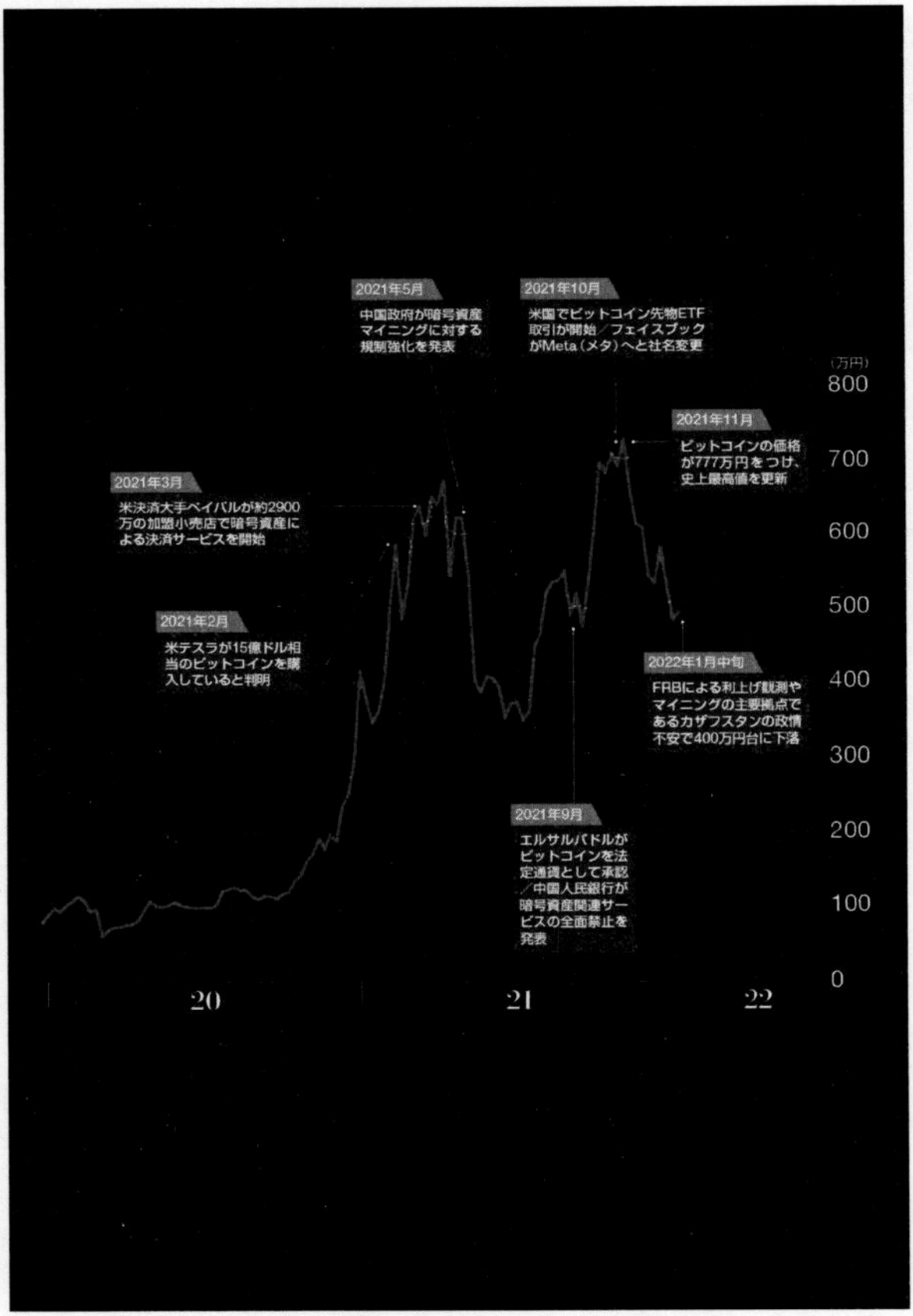

2021年2月
米テスラが15億ドル相当のビットコインを購入していると判明
2021年3月
米決済大手ペイパルが約2900万の加盟小売店で暗号資産による決済サービスを開始
2021年5月
中国政府が暗号資産マイニングに対する規制強化を発表
2021年9月
エルサルバドルがビットコインを法定通貨として承認／中国人民銀行が暗号資産関連サービスの全面禁止を発表
2021年10月
米国でビットコイン先物ETF取引が開始／フェイスブックがMeta（メタ）へと社名変更
2021年11月
ビットコインの価格が777万円をつけ、史上最高値を更新
2022年1月中旬
FRBによる利上げ観測やマイニングの主要拠点であるカザフスタンの政情不安で400万円台に下落
（万円）
800
700
600
500
400
300
200
100
0
20
21
22

暗号資産特有の動きとして挙げられるのは、企業や機関投資家の参入だ。2021年2月に米EV（電気自動車）大手のテスラが15億ドル相当のビットコインを購入していることを発表。同3月には、米ペイパルが約2900万の加盟小売店で暗号資産の決済を導入するという動きが好材料となった。

国内暗号資産交換所ビットバンクの加藤正晃CFOは「暗号資産が生活で使えるようになるという意味で、ペイパルの動きは大きかった。大手の機関投資家が参入したほか、米グレースケールのような暗号資産に特化した運用会社も出てきている」と語る。米証券取引委員会（SEC）がビットコイン先物に連動した上場投資信託（ETF）を承認し、同10月に取引が始まったことも弾みをつけた。

テスラよりさらに「ビットコイン熱」の高い企業もある。データ分析ソフトウェアを手がける米マイクロストラテジーだ。同社の保有額は日本円で5000億円を超え、買い増しの行動はたびたびニュースをにぎわす。

機関投資家や事業会社の購入が相次ぐ

ビットコインを保有する会社のランキング

順位	社名	ビットコインの保有枚数	保有時価総額
1	マイクロストラテジー	124,391	52.39
2	テスラ	43,200	18.19
3	マラソンデジタルホールディングス	8,133	3.42
4	ブロック(旧スクエア)	8,027	3.38
5	ハット8マイニング・グループ	5,242	2.20
6	コインベースグローバル	4,487	1.89
7	ライオットブロックチェーン	4,464	1.88
8	ギャラクシーデジタルホールディングス	4,000	1.68
9	ビットコイングループSE	3,673	1.54
10	ビットファームズリミテッド	3,336	1.40

(注)保有時価総額の単位は億ドル。1月11日時点　(出所)Bitcoin Treasuries

日本でもオンラインゲームのネクソンが21年4月に1億ドル相当のビットコインを購入したと発表した。純粋な運用や保有のほか、テスラなどには自社サービスで決済手段として用いられる際の供給役に回る思惑もあるとみられる。

こうした企業側の動きに加え、米国では個人にも暗号資産の存在が浸透している。米ピュー・リサーチセンターの調査によれば、18〜29歳の米国人男性の43％は過去に1回以上、投資や決済で暗号資産を利用したことがある。15年にビットコインに関する質問をしたところ、この比率は全体でわずか1％だった。

増えるビジネス利用

暗号資産が再び盛り上がっている背景は、相場をめぐる要因だけではない。「NFT（非代替性トークン）」、そして「メタバース（仮想空間）」で、その使い道が広がっているのだ。

NFTは、ブロックチェーン技術を用いてアートやゲームアイテムのデータに作者の情報などを書き込んだ、偽造や複製が困難な唯一無二の鑑定書。21年3月にデジタルアートのNFTが約75億円相当で落札されたことが有名だが、NFTの価値は高額取引に限らない。企業が顧客を獲得する重要なツールでもある。

21年8月、高級ファッションブランドの英バーバリーはメタバース上のゲームで利用できる独自のNFTアイテムを発売。アバター（分身）としてその空間に入り込めることが通常のゲームとの違いで、バーバリーはメタバース内において、自社ブランドファンの獲得や囲い込みを図る。

大手スポーツ用品メーカーの米ナイキは21年12月、NFTスニーカーを手がける米ベンチャーのRTFKT（アーティファクト）を買収した。20年創業のRTFKTは、NFTのスニーカーと実物のスニーカーをセットにして販売する。現代アーティストの村上隆氏やトヨタ自動車の「レクサス」などとコラボレーションを行い、人気に火がついた。

ナイキが目をつけた理由について、「RTFKTのチームがメタバース戦略を牽引することを期待しているからだ」と、RTFKTに創業当初から出資していたGFR

Ｆｕｎｄの筒井鉄平マネジングパートナーは話す。ナイキは２１年１１月に米オンラインゲームプラットフォーム「ロブロックス」のメタバース内に本社を模した「ナイキランド」という空間を開設しており、メタバース戦略を強化するさなかにあった。

「今のＮＦＴを取り巻く空気は１９８０年代に米国で生まれたストリートカルチャーに近い」と指摘するのは、海外のＮＦＴ動向に詳しいＳＢＩＮＦＴの中田宜明ＣＭＯ（最高マーケティング責任者）。当時のストリートカルチャーは、相手が自分の価値観をわかっているかどうか見極めをして、わかっていると思う相手を自分のコミュニティーに引き入れていた。「参入をもくろむ日本企業も増えているが、こうした独特の価値観を理解することが求められる」（同）という。

海外に向かう起業家

静かに広がりを見せる「クリプト（暗号）経済圏」だが、日本では暗号資産関連の起業がしにくいといわれる。１９年から、企業が期末に保有する一定の暗号資産および「トークン」の含み益に対して、時価評価が強制適用されるようになったためだ。暗号資産の税制に詳しい柳澤賢仁税理士は「企業がトークンを発行してビジネスをしようとしても、その含み益が期末に法人税として課税されうる。そのため、日本のクリプト起業家は国外で起業し、プロジェクトを進めざるをえない現状となっている」と話す。

4年前のブーム時には、暗号資産を使った資金調達「ICO（イニシャル・コイン・オファリング）」が数多く行われ、その中には詐欺的な案件が多かった。企業がトークンを持つことに対し、金融当局の警戒は強く残っているとみられる。

日本は暗号資産とどう向き合っていくのか。米国発の大きな流れが、企業や政府に大きな問いを突きつけている。

（二階堂遼馬）

投資・ビジネスに欠かせない

「必修ワード」を一挙解説

投資家だけでなくビジネスの世界でも、暗号資産やNFT（非代替性トークン）などに対する理解が不可欠となってきている。ニュースなどでよく目にする専門用語について、主要な5項目をわかりやすく解説する。

① 暗号資産&ブロックチェーン

暗号資産は、銀行などの第三者を介さずにインターネット上でやり取りできる「財産的価値」を指す。謎の人物「サトシ・ナカモト」の理論を基に、2009年に誕生した「ビットコイン」が暗号資産の始祖だ。ビットコインの時価総額は直近で約

8000億ドル（約90兆円）に上り、トヨタ自動車の株式時価総額の2倍を超える。

ブロックチェーンは、ビットコインを支える基幹技術として誕生した。ビットコインには国や中央銀行などの発行主体や特定の管理者がいない。その代わりに、ネット上にいる不特定多数のマイナー（採掘者）と呼ばれる人たちが取引の承認作業を担い、台帳にとじていくように記録が保存される。ゆえにブロックチェーンは「分散型台帳」と呼ばれている。台帳にある過去の記録は削除・改変ができないという特徴がある。

日本では資金決済法で暗号資産が定義されている。日本円や米ドルなどの法定通貨と交換できたり、電子的に移転できたりするなどの性質を持っていれば、暗号資産となる。一般には「仮想通貨」のほうがなじみ深いが、法定通貨と誤認する可能性を踏まえ、20年5月の改正資金決済法の施行を機に暗号資産へと呼称が変わった。

既存のブロックチェーンを使って発行される暗号資産は、「トークン」と呼ばれる。トークンは金融史において「代用貨幣」（古代に使われた粘土板などが該当）との意味で用いられる。ビットコインおよび暗号資産で時価総額2位の「イーサリアム」以外の暗号資産を指す言葉としても使われる。

イーサリアムの「ガス代」

暗号資産の中では、ビットコイン1強の時代が終わりつつある。風穴を開けたのはイーサリアムだ。イーサリアムのブロックチェーンには、自動実行される契約を作ることができる「スマートコントラクト」機能が実装されている。ＡがＢに暗号資産Ｘを送ったら、ＣからＡに暗号資産Ｙが自動的に送られるといった複雑な契約を作ることができる。

このスマートコントラクトを使って、イーサリアムのブロックチェーンを基にしたサービスが多く生まれている。先述したトークンを発行して資金調達するＩＣＯ（イニシャル・コイン・オファリング）もそこに含まれる。イーサリアムは、そのような動きに対する期待が暗号資産の取引市場で価格に織り込まれ、存在感を高めている。

一方でイーサリアムのブロックチェーンの対抗馬として、「ソラナ」など新たなブロックチェーンが台頭している。背景にあるのは、イーサリアムのブロックチェーンでスマートコントラクトを動かす際などにかかる「ガス代」と呼ばれる手数料の高騰だ。イーサリアムが頻繁に使われるに伴い、ガス代が高騰し新しいチェーンを開発する動きが出てきている。

ビットコインやイーサリアム、ソラナなどのブロックチェーンは、「パーミッションレス型（パブリックチェーン）」に分類され、管理者不在で誰もが参加できる。これに対しハイパーレジャー・ファブリック、コルダなどのブロックチェーンは、「パーミッション型（コンソーシアムチェーン、プライベートチェーン）」のブロックチェーンは、管理者に許可された者のみがネットワークに参加可能でプライバシーを高度に保てるとされる。米ＩＢＭが推進し、企業向けに提供されている「ハイパーレジャー・ファブリック」が有名だ。

パーミッション型では、特定の参加者しかいないという安心感だけでなく、ガス代など取引コストの低減をうたうブロックチェーンも多い。インターネットイニシアティブ傘下のディーカレットが日本の大企業を巻き込み音頭を取るデジタル通貨構想「ＤＣＪＰＹ」は、このパーミッション型のブロックチェーンを活用する。ＬＩＮＥの開発した「ＬＩＮＥブロックチェーン」もパーミッション型だ。

② ステーブルコイン

暗号資産の一種で価格変動の激しいビットコインとは異なり、法定通貨に価値を連動させて値動きをステーブル（「安定した」の意）にしたのがステーブルコインだ。

世界で最も多く使われているステーブルコインは、テザー社が発行する「テザー（USDT）」だ。「1USDT＝1米ドル」に価格を安定させるとしている。テザーをはじめとしたステーブルコインの多くは、発行する企業がドル預金や米国債を裏付け資産として持つ。取引市場での価格をドルに連動させ、保有者の求めに応じてドルと等価で交換する。

日本の資金決済法では、このようなステーブルコインは「通貨建て資産」と見なされ、法律上の暗号資産には含まれない。そのため国内の暗号資産交換所では取り扱われていないが、億円単位の資金を動かす大口投資家の間では、「（取引のリスクヘッジになる）ステーブルコインが使えない交換所は意味がない」との声も聞かれる。

「日本円ステーブルコイン」を標榜する「JPYC」も法律上の暗号資産には該当しない。

頓挫したリブラ構想

暗号資産市場におけるテザーの売買金額は、ビットコインを大きく超える。その存在感が高まるにつれ、欧米を中心に規制に向けた議論が進む。

思い起こされるのは、2019年に米フェイスブック（現メタ）が打ち出した「リブラ」構想だ。リブラではドルやユーロなど複数の通貨を入れたバスケットを想定し、それを1つの通貨と見立てて価値を連動させるステーブルコインの発行を目指していた。

しかし、各国で金融政策への悪影響を懸念する声が強まり、発行計画は大きく後退。2020年12月に「ディエム」へとプロジェクト名称が変わった後も、発行にはこぎ着けていない。

③ DeFi（ディーファイ：分散型金融）

銀行や証券会社のような仲介者や管理主体を必要とせず、プログラムによって自律的に金融サービスを提供するのがＤｅＦｉ（ディーファイ：Decentralized Finance）。「分散型金融」と訳される。

代表的なサービスの1つが、ＤＥＸ（デックス）と略される「分散型交換所（Decentralized Exchange）」だ。ＤＥＸは暗号資産を余分に持っている人と、手持ちの暗号資産を別の暗号資産に交換したい人をつなげる仕組み。イーサリアムのブロックチェーンのスマートコントラクトで動く「ユニスワップ」が、取引量最大のＤＥＸとして知られている。

ユニスワップには、「流動性プール」という在庫保管庫のような機能がある。余分に持っている人は暗号資産ウォレットを通じ、そのプールに暗号資産を提供する。提供する際は、ステーブルコインも含めた2種類の暗号資産をペアで、それぞれ同額になるように送る。暗号資産を交換したい人は、この流動性プールから欲しい暗号資産を引き出す。

そのときの交換レートは、流動性プールにある暗号資産の量から自動的に計算される。流動性プールに暗号資産を提供した人には、「流動性トークン」を介して報酬が交換された分に応じ支払われる。ユニスワップの報酬率は1回の交換につき0・3％だ。

■DeFiは金融機関などの仲介者がいない
―暗号資産の分散型交換所「ユニスワップ」の概要―

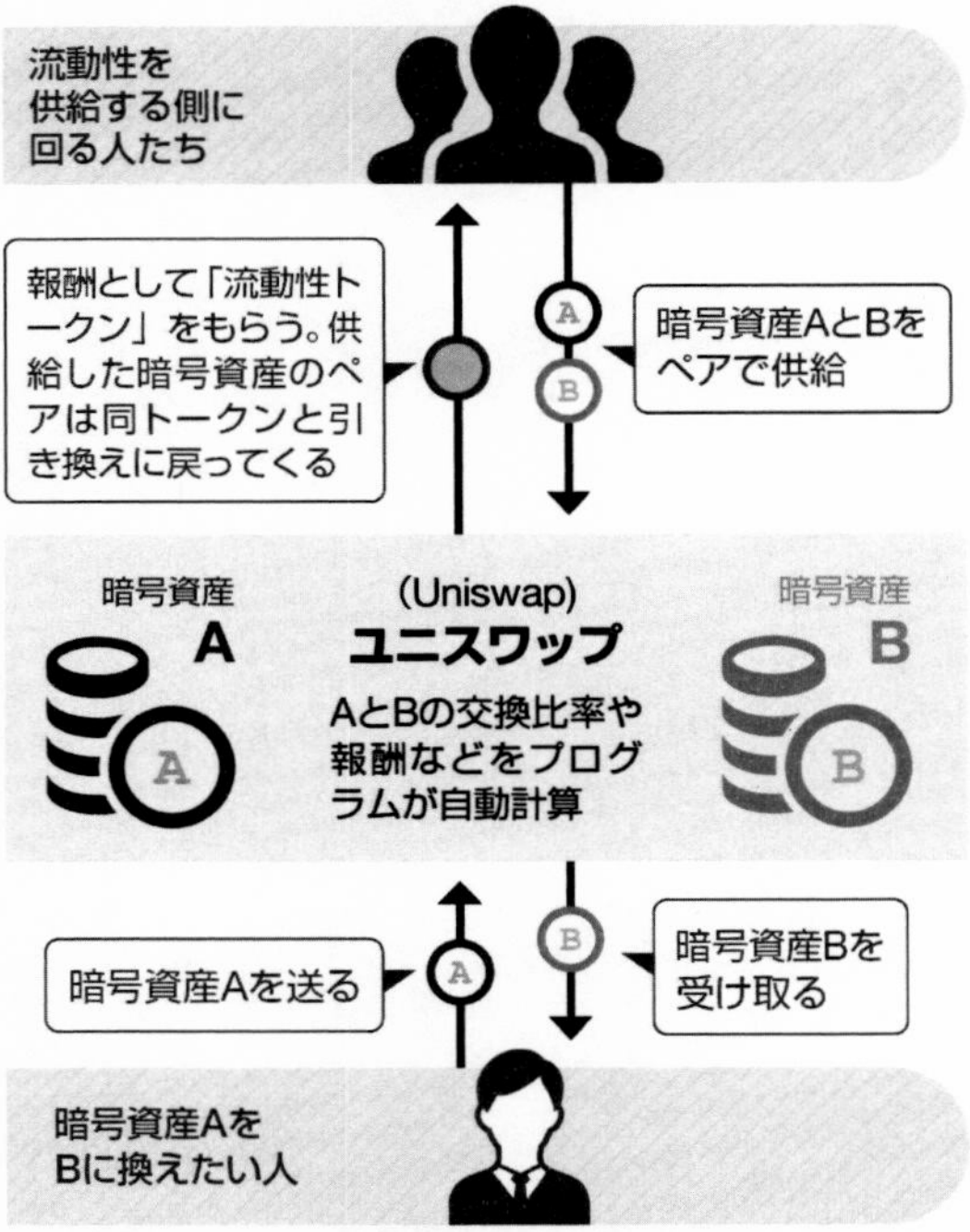

（出所）日銀レビュー「暗号資産における分散型金融―自律的な金融サービスの登場とガバナンスの模索―」などを基に東洋経済作成

年利10～15%を獲得

２０１７年から暗号資産投資を始めた３０代前半の男性投資家「せいや（seiya）」さんは、２０年6月ごろから「カーブファイナンス」というＤＥＸに着目。投資運用の対象にしている。

億円単位の金額を運用する同氏によると、「流動性プールに送る暗号資産のペアを2種類ともステーブルコインにしても、比較的低リスクにもかかわらず年１０～１５％の利回りは出る。次々に新しいサービスが出てきている」という。

ブロックチェーン分析会社のチェイナリシスが公表したリポートによれば、２１年8月時点におけるＤＥＸの暗号資産取引数は、従来型暗号資産交換所の３５％に相当していた。平均取引高ではＤＥＸのほうが従来型の2倍で、もはや無視できない存在だ。

ＤｅＦｉでは、流動性プールを介して暗号資産を貸し借りするサービスも活況だ。代表的なものに「コンパウンド」がある。ＤｅＦｉ上で運用されている暗号資産の総額は、直近で1000億ドル（約11兆円）前後に上る。

一方で21年8月には、「ポリ・ネットワーク」がハッキングを受けて、約6億ドル（約680億円）の暗号資産が流出した。その後、ほぼ全額がハッカーから返還されたとはいえ、安全性の問題が改めて浮き彫りになった。

そのほかにも管理者が不在かつ、自動・自律的に動くゆえに、仮に欠陥があってもサービスを強制停止することが難しいといったリスクもある。

④ NFT（エヌエフティー）

ブロックチェーン技術を用いた、偽造や複製が困難な唯一無二の鑑定書や証明書のこと。「Non-Fungible Token（ノン・ファンジブル・トークン）」の略で、「非代替性トークン」と訳される。

一躍その存在が知られるきっかけとなったのが、2021年3月にビープルというアーティストが制作した「Everydays–The First 5000 Days（エブリデイズ：最初の

5000日)」というNFT。6900万ドル(約79億円)という高額で、英競売大手・クリスティーズのオークションで落札された。5000枚のデジタル画像をコラージュした作品だ。その後もツイッター創業者のジャック・ドーシー氏が初めて投稿したツイートがNFT化され、希少性の高さが話題となり、291万ドル(約3・3億円)で落札された。

NFTが作られて流通する仕組みは、デジタルアートを例にすると次のようになる。

■NFTの作成、売買の仕組み

Step 1
ブロックチェーンからNFTが発行される。このとき、デジタルアートは別に保管されている

Step 2
メタデータといわれるデータの付帯情報をNFTに書き込むことで、NFTとデジタルアートが結び付く

Step 3
オークションや「Open Sea（オープンシー）」などのマーケットプレースに出品し、取引の成立を待つ

NFTのメリット

- ●デジタルアート自体はコピーし放題だが、NFTは唯一無二なので、1人しか保有できない
- ●実物のアートは贋作や証明書偽造が可能だが、NFTはブロックチェーンが真正性などを証明する

(出所)アステリアの奥達男ブロックチェーンエバンジェリストへのヒアリングを基に東洋経済作成

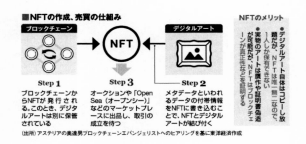

まずブロックチェーンから発行された1つのNFTがあり、次にデジタルアートに関する「メタデータ」と呼ばれる付帯情報を制作者が書き込む。メタデータには保存先や作成日、作成者、所有者などが含まれる。NFTとデジタルアートがそこで結び付く。そのNFTをオークションや「オープンシー」といったマーケットプレース（取引サイト）に出品すると、買いたい人との取引が行える。

現実世界の絵を本物かどうか証明するには鑑定人が必要だが、NFTであればブロックチェーンがその真正性を証明する。また、デジタルアート自体はコピーできるが、結び付いているNFTはコピーできないので、唯一無二のものだと示せる。

「会員権」代わりに利用

高額な取引については、「値上がりを見越した転売目的の投機要素が強い」ともいわれる。ただ、購入したNFTをSNSのアイコンにしたり、NFT購入者を対象にしたコミュニティーの参加権にしたりするという使い方もある。

コミュニティーによる囲い込みという点では、米ユガ・ラボ社が21年4月に開始したNFTプロジェクト「Bored Ape Yacht Club（BAYC：退屈な猿のヨットクラブ）」が有名だ。

類人猿をモチーフにしたこのNFTアートは、着せ替え人形のように、体、頭、帽子、服をランダムに組み合わせて画像を生成できる。BAYCは全部で1万個販売されており、一種の会員権としての価値を持つ。購入者は限定アパレル商品の購入やイベント参加のチケットとして、このNFTを活用できる。

当初は3万円ほどで購入できたが、直近では最も安価なアイテムでも2000万〜2500万円する。米人気ラッパーのエミネム氏や米プロバスケットボール・NBA選手、著名テレビ司会者らが購入し、ツイッターのアイコンに設定して話題となったことが大きい。

大手企業との連携も始まる。アパレル大手の独アディダスは、自社ブランドとBAYCなど複数のクリエーター集団で共同制作したNFT約3万点を21年12月に発売。直後に完売し、26億円を売り上げた。特典として付与される限定商品や同社が構築するメタバース（仮想空間）へのアクセス権が「プレミアム感」を醸し出し、魅力に映ったようだ。

日本企業も米国の流れに続く形で、創作者やユーザーを巻き込むビジネス展開を始めようとしている。

⑤ メタバース

ネット上の仮想空間であり、「超」を表すメタと「宇宙」を表すユニバースを合わせた造語。

米リンデンラボが2003年に運営を始めた「セカンドライフ」が先駆けだった。セカンドライフは日本でも一般の個人はもちろん、サントリー、ソフトバンクモバイル（当時）、電通、三越（当時）などの大手企業が続々参画。仮想店舗を出したり、マーケティング活動を行ったりと、一大ブームとなった。

リンデンラボは自社サービスを指すものとして、当時から「メタバース」という言葉を使用。さらに空間内ではリンデンドル（空間内の通貨）での取引や、リンデンスクリプト（空間内で創造物を作るための簡易プログラミング言語）を使ったクリエーターの呼び込み、空間の拡張も行っていた。

通貨の供給量がカギ

ところが2007年をピークに、利用者は減少に転じた。セカンドライフ自体は現在も稼働しているものの、企業は相次いで撤退した。

今回のメタバースブームとセカンドライフの違いには、①デバイスやネットワークの進化、②若者を中心としたデジタル文化の浸透、③ユーザーが稼げる機会の拡大、が挙げられる。

先述のNFTは、③のユーザーによる収益化をさらに加速させるドライバーとして期待されている。具体的には、広告（44%）やeコマース（36%）などでの市場創出が見込まれ、潜在市場はグローバルで100兆円規模という予測もある。

ブロックチェーンの基本概念である非中央集権の仕組みもメタバースと親和性が高いとされる。

国内暗号資産交換所大手・ビットフライヤー創業者の加納裕三氏は、「リンデンラボが空間内の土地を増やしすぎ、中央銀行のように通貨を濫発して利用者離れを招いた」と指摘。そのうえで「分散型の仕組みで成り立つ暗号資産は基本的にブロックチェーン上で発行枚数が規定されており、メタバース内で適正な通貨の管理が行われるだろう」と見通す。

ただメタバースの運営は必ずしも非中央集権的ではなく、むしろ特定企業による管理・運営が主流だ。メタバース構築支援を行う企業の中には「NFTや暗号資産をメタバースと結び付けるのはまだ早い」という見方もある。

（緒方欽一、二階堂遼馬）

「億り人」の最新マネー術

長期の低迷から、再び盛り上がりを見せているビットコイン相場。個人投資家たちはどのように自らのお金を投じ、運用しているのだろうか。

沖縄県に住む建設会社勤務・41歳の男性は、2021年の8月ごろから暗号資産への投資を始めた。以前から株式などリスク資産の運用は行っていたが、「ネットニュースを見て手軽にやれそうだからやってみようと思った」。

最初は5万〜6万円の入金から始め、力が入ったのは同9月から10月にかけてだ。ビットコインに連動した上場投資信託（ETF）の取引が開始されることなどの期待で、この間相場は急角度で上昇。男性は手持ちの外貨建て投資信託を売り、その分を暗号資産に追加で100万円投資した。

ただその後、米国の利上げ方針などを受け、12月以降の相場は下落。「軽くやけどをした」。この経験から「価格の動向はなるべく見ないようにしている」という。

保有する暗号資産はビットコインのほかイーサリアムやネムなどだが、「コインの性質はよくわかっていない」。4年前に業界で起きた巨額の資産流出事件については「当時は関心がなかったので、何があったか知らない。テレビCMも多く流れているし、危ないものという印象はない」と話す。


千葉県在住の28歳会社員、ITエンジニアの男性は、21年1月に暗号資産交換所の口座を開設した。10万円の入金から始め、直後の相場上昇を受け、貯金を取り崩して60万円を投じた。米EV(電気自動車)大手のテスラが15億ドル相当のビットコインを購入していることが明らかになった時期だ。

ただこの男性も、5月に相場の急落に見舞われた。一転して、テスラがマイニングによる環境負荷の懸念から、ビットコイン決済を一時停止すると発表したことなどが影響したからだ。その後は「まとまった金額は入れずに、積み立て投資の感覚で毎月1万円ずつを口座に入金している」という。

暗号資産投資を始めたきっかけは、資産運用を啓蒙するユーチューブチャンネルを見たことだった。「自分の職場で暗号資産投資をやっている人は誰も見かけないが、通貨や金融の未来はここにある気がする。長期投資で粘り強くやりたい」と打ち明ける。

DeFiで利回りを耕す

この2人が「冬の時代」を経験していない新規のユーザーとすれば、10年半ばの初期から参加しているユーザーは、一段と深い領域で投資を行っている。

元エンジニアで30代半ばの男性は14年に起きた大規模な資産流出、マウントゴックス事件の頃から投資する古株だ。「空前の金融緩和政策が行われる中で、日本円の価値は目減りしていくと思った」と、当時を振り返る。

結果として大成功だったといえるだろう。この男性は早々に資産1億円超の「億り人」となり、現在暗号資産を含む全体の資産は日本円で約15億円に上る。

プロとも呼べるようなこうした投資家たちが今行っているのが、「ＤｅＦｉ（ディーファイ：分散型金融）」を使った運用だ。ユーザー同士が直接取引する場で、自らが資金の出し手となり利回り収入を得ている。

■ ビットコインはあくまで"貯金" —米ドルを軸にした専業投資家の運用手法—

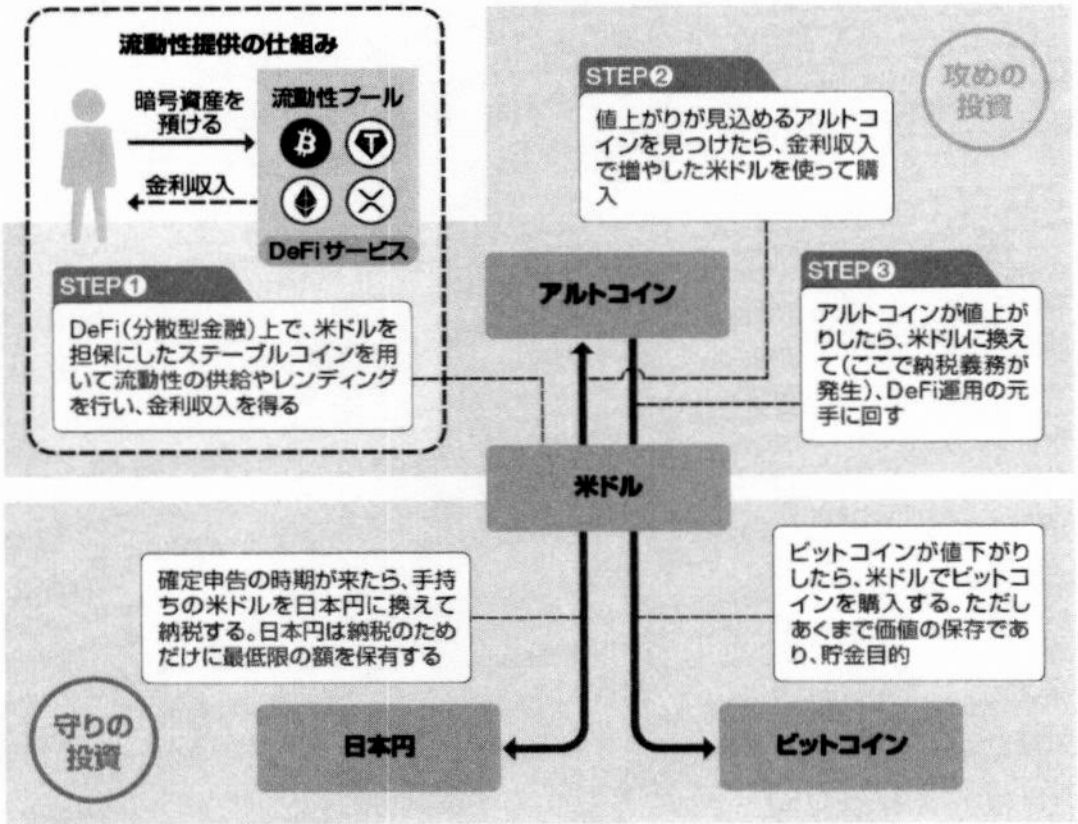
流動性提供の仕組み
暗号資産を預ける
金利収入
流動性プール
DeFiサービス
STEP❶
DeFi（分散型金融）上で、米ドルを担保にしたステーブルコインを用いて流動性の供給やレンディングを行い、金利収入を得る
STEP❷
値上がりが見込めるアルトコインを見つけたら、金利収入で増やした米ドルを使って購入
攻めの投資
アルトコイン
STEP❸
アルトコインが値上がりしたら、米ドルに換えて（ここで納税義務が発生）、DeFi運用の元手に回す
米ドル
確定申告の時期が来たら、手持ちの米ドルを日本円に換えて納税する。日本円は納税のためだけに最低限の額を保有する
ビットコインが値下がりしたら、米ドルでビットコインを購入する。ただしあくまで価値の保存であり、貯金目的
守りの投資
日本円
ビットコイン

（出所）取材、資料を基に東洋経済作成

具体的な流れは前図のとおり。法定通貨は米ドルを基軸とし、まずはドルを担保にUSDCやUSDTといったステーブルコインを購入する。「大きな額を運用するには、価格の変動が少ないステーブルコインを持つことが必須」（同男性）。日本では法定通貨とステーブルコインの交換が認められていないため、海外のバイナンスやFTXの口座に、ステーブルコインの残高を置いておく。

そのステーブルコインを使う先がDeFiだ。ユニスワップやコンパウンドといったサービスがあり、例えばユニスワップにユーザーがステーブルコインを含む暗号資産ペアを流動性として供給すると、その見返りとして報酬がもらえる。コンパウンドでは暗号資産貸し出しの金利収入が手に入る。これらは「イールドファーミング（利回り農業）」と呼ばれる（ここまでが「STEP①」：前図参照、以下同じ）。

DeFiで得た利回りは値上がりしそうなアルトコインの投資に回し（「STEP②」）、アルトコインの利益を確定させたらそれをDeFiに回す（「STEP③」）。利益確定した分は日本で納税しなければならないので、時期が来たら米ドルを日本円に換える。米ドルはビットコインへの投資に使うこともあるが、「換金目的ではない貯金」と位置づけている。

もう1人の億り人、30代前半の投資家男性は17年からビットコインを中心に買い始め、資産は日本円と合わせ10億円弱に上る（ツイッターアカウント名「ヨーロピアン」で活動）。同様にＤｅＦｉを20年ごろから使い始め、大きく運用額を伸ばしている。

ただこの男性はＤｅＦｉについて、「資金を自分で管理するのが一般の人には難しく、トラブルが起きたときの対処も自分でやる必要がある」と注意を促す。現にＤｅＦｉをめぐっては、流動性を供給した先の「プール」がサービス運営者に持ち逃げされるという事件が過去に複数発生している。

今から億り人を目指すのであれば、相応のリテラシーと覚悟も必要になりそうだ。

（二階堂遼馬）

交換所ビジネスの第2幕

暗号資産交換所大手の広告合戦が再び激しくなっている。最大手のビットフライヤーは、お笑いコンビ「ダウンタウン」の松本人志氏を起用した新テレビCMを21年末から放映。俳優の松田翔太氏が出演するコインチェック、芸人のスギちゃんを抜擢したGMOコインなどを追う。各社が狙うのは暗号資産未経験者や投資余力のある30〜40代男性の取り込みだ。

広告合戦の背景には、価格上昇に伴って暗号資産に対する世間の関心が再び強まったことがある。2021年末のビットコイン価格は年初の約1・6倍となった。日本暗号資産取引業協会の最新統計によると、21年11月時点で国内交換所の口座数は535万と前年同月比4割増に。顧客の入金状況が反映される預かり資産を見ても、大手各社で伸びている。

規制対応が一巡したことも、攻めの姿勢につながっている。580億円相当の暗号資産が不正流出した18年のコインチェック事件後、交換所各社は金融庁から業務改善命令を受けた。暗号資産の保管体制や内部統制の強化を求められ、整備のための管理費用が一気に膨らんだ。その反面、相場は18年から2年半近く低迷し、交換所は経営に苦しんだ。

現在の広告合戦は、この「冬の時代」を乗り越えて前を向く余裕が生まれてきた証左だろう。金融庁も「一時期は『CMなどけしからん』という態度だった」(大手交換所幹部)というが、交換所の体制整備が進むにつれて、姿勢を軟化させたように見える。

規制強化でコスト増

ただ、久々の大相場で恩恵を受けた交換所は、3番手グループまでにとどまる。規制強化によって交換所は、セキュリティーや内部管理の維持コストが重くのしかかる「高コスト体質」に変わったからだ。そのため既存の会員数が少ない交換所は、相場が活況になってもコスト分を賄えるほど利益を上げられなくなった。

新たに会員を集めるにしても、既存会員の多い交換所のほうが安心感をアピールできるので競争上は不利。しかも新規会員獲得のための広告費は、1人当たり2万〜3万円とみられる。10万〜20万人規模を獲得するには20億〜60億円の投資が必要な計算だ。セキュリティーなどの維持コストをかけつつ、集客のための広告投資や新規事業の展開を行うには、大きな資本力が求められる。

結果、流出事件を機にマネックスグループに入ったコインチェックを筆頭に、大手資本傘下の企業が国内上位を占めるようになった。2番手グループでは、ビットバンクが21年9月にIT大手のミクシィと資本業務提携を結び約70億円の出資を受けた。顧客から預かっている暗号資産が資本金の270倍に一時達したこともあって、ビットバンクでは財務強化の必要性が生じた。

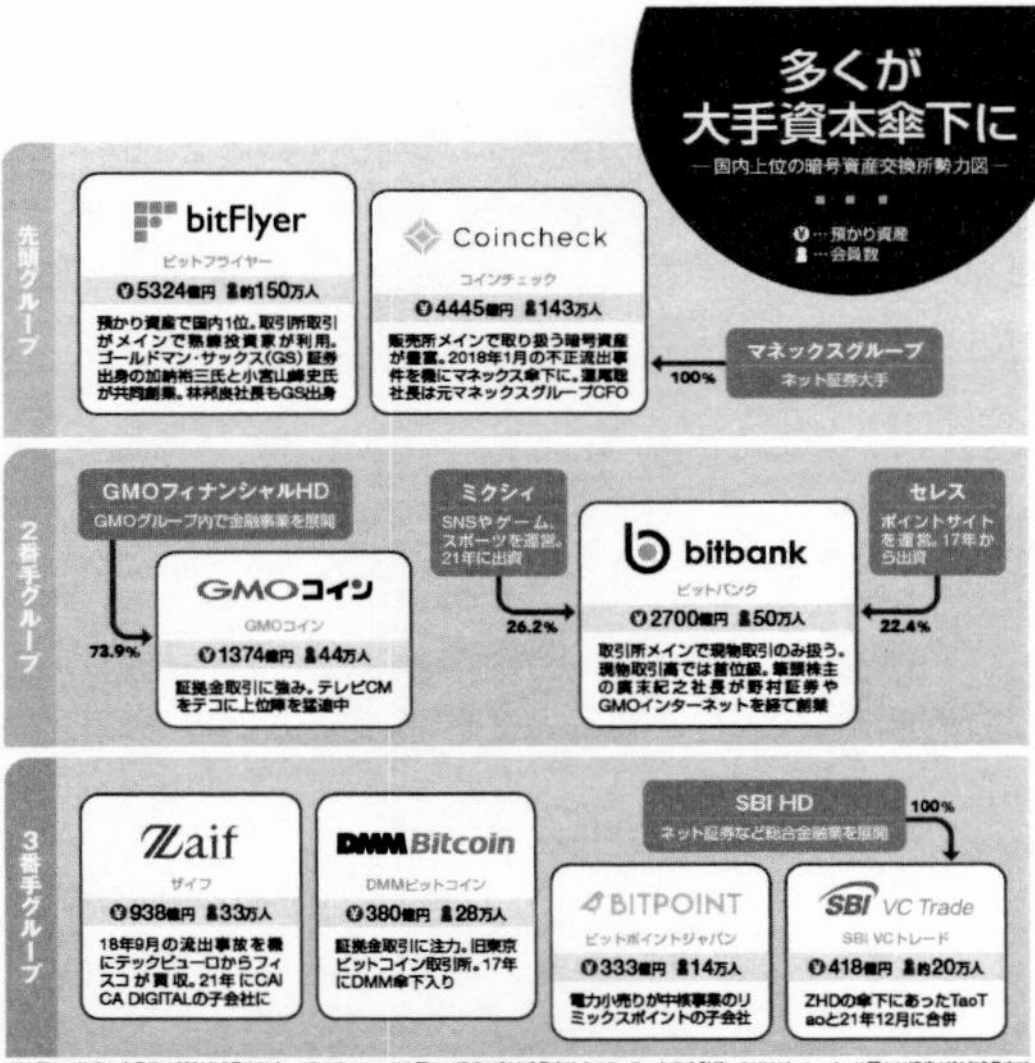

多くが
大手資本傘下に
─ 国内上位の暗号資産交換所勢力図 ─
¥…預かり資産
…会員数
先頭グループ
bitFlyer
ビットフライヤー
¥5324億円 約150万人
預かり資産で国内1位。取引所取引がメインで熟練投資家が利用。ゴールドマン・サックス(GS)証券出身の加納裕三氏と小宮山峰史氏が共同創業。林邦良社長もGS出身
Coincheck
コインチェック
¥4445億円 143万人
販売所メインで取り扱う暗号資産が豊富。2018年1月の不正流出事件を機にマネックス傘下に。蓮尾聡社長は元マネックスグループCFO
マネックスグループ
ネット証券大手
100%
2番手グループ
GMOフィナンシャルHD
GMOグループ内で金融事業を展開
73.9%
GMOコイン
GMOコイン
¥1374億円 44万人
証拠金取引に強み。テレビCMをテコに上位陣を猛追中
ミクシィ
SNSやゲーム、スポーツを運営。21年に出資
26.2%
bitbank
ビットバンク
¥2700億円 50万人
取引所メインで現物取引のみ扱う。現物取引高では首位級。筆頭株主の廣末紀之社長が野村証券やGMOインターネットを経て創業
セレス
ポイントサイトを運営。17年から出資
22.4%
3番手グループ
Zaif
ザイフ
¥938億円 33万人
18年9月の流出事故を機にテックビューロからフィスコが買収。21年にCAICA DIGITALの子会社に
DMM Bitcoin
DMMビットコイン
¥380億円 28万人
証拠金取引に注力。旧東京ビットコイン取引所。17年にDMM傘下入り
SBI HD
ネット証券など総合金融業を展開
100%
BITPOINT
ビットポイントジャパン
¥333億円 14万人
電力小売りが中核事業のリミックスポイントの子会社
SBI VC Trade
SBI VCトレード
¥418億円 約20万人
ZHDの傘下にあったTaoTaoと21年12月に合併

(注)預かり資産と会員数は2021年9月末時点。SBI VC トレードの預かり資産は21年3月末時点でTaoTaoとの合計値。DMMビットコインは預かり資産が21年3月末時点、会員数は21年12月末時点。ビットフライヤーとSBI VC トレードの会員数は推計値。%は出資比率で21年12月時点。HD はホールディングスの略
(出所)各社の事業報告書や取材を基に東洋経済作成

会員の少ない後発組はすでに撤退もしている。FX会社のマネーパートナーズグループが20年7月に開業したコイネージは、わずか半年で事業撤退。ヤフー（現Zホールディングス）が19年5月に開業したTaoTao（タオタオ）は、20年10月にSBIグループの軍門に下った後、SBI VCトレードと合併した。インターネットイニシアティブ傘下で19年3月開業のディーカレットの交換所事業も、香港企業への売却が取り沙汰されている。

手数料競争は必至

冬の時代を乗り越えた上位各社は、広告以外の新たな手を打っている。次世代高速ウェブブラウザー「ブレイブ」におけるビットフライヤーの取り組みもその1つだ。同社の会員がブレイブを使って広告を閲覧すると、暗号資産「BAT」が報酬としてもらえる。交換所でBATを売ることもできるが、ブレイブ上でユーチューバーなどに渡すこともできる。ビットフライヤー事業戦略本部の林祐太郎副本部長は、「売ったり買ったりだけとは違う暗号資産の価値を提供できる」と自信を示す。

ビットバンクはミクシィとの資本業務提携で、NFT（非代替性トークン）など新領域への進出をにらむ。「コンテンツとの掛け算が新しいビジネスを生み出す」と廣末紀之社長は考える。コインチェックもNFTは新事業の柱の1つに位置づけており、売買する場となる「マーケットプレース」をすでに立ち上げている。

現在、国内交換所で最も利益を上げているのはコインチェックだ。20年度の業績は営業収益208億円、営業利益137億円。営業利益率は65％にも達した。21年度は9月までの半期でほぼ同額の営業利益を稼ぎ出している。

その利益は交換業の中でも突出した水準にある。暗号資産の取り扱い種類を増やすなどの施策が功を奏した、とコインチェックは説明する。同社は、外部から仕入れてきた暗号資産にスプレッドという手数料相当額を上乗せして販売する「販売所」を主力とする。顧客同士で売り買いする「取引所」と違って投資初心者でも売買しやすいという特徴がある。

ただ、販売所の得るスプレッドは高すぎると指摘されてきた。コインチェックの大塚雄介執行役員は、大きいと5％ほどある自社のスプレッド水準を「その分の利便性を提供しているので致し方ない」と説明する。一方で販売所への収益依存度が高く、スプレッド引き下げを求められる可能性については、「自分たちの事業のリスクとして捉えている」という。

実際、販売所スプレッドを引き下げる動きは起こりつつある。主導するのは業界最低水準を目指すＧＭＯコインだ。石村富隆社長は「顧客からすると投資コストは低いほうが当然いい。ＦＸ業界で起こったような低スプレッド競争が、暗号資産でもそう遠くないうちに起きるはず」と予測する。

そうした中、コインチェックはＮＦＴやＩＥＯ（イニシャル・エクスチェンジ・オファリング）などの新規事業に乗り出す。

事業の収益化を図りつつ顧客還元をどう行っていくか。暗号資産や交換所が経済社会により必要なものとして認知されるためには必要なことだろう。

（緒方欽一）

価格の変動が起きる「3つのサイン」

ビットコイン相場を読む裏技

マネックス証券　暗号資産アナリスト・松嶋真倫

暗号資産には、株式と違って金利や企業利益に基づく適正価格が存在しない。足元の価格が割高なのか割安なのかを判断するすべがなく、投資しようと思っても判断に迷う人が多いのではないだろうか。その点、代表的な暗号資産のビットコインは、いくつかの観点から相場の先行きを推し量ることができる。

相場の変動や転換点を示すサインとして注目したいのが、「ハッシュレート」「ドミナンス」「半減期サイクル」の3つだ。ビットコインの値動きを振り返りつつ、その見方を以下で紹介していこう。

ハッシュレート

ビットコインでは、およそ10分間隔で「マイニング（採掘）」という取引の検証作業が行われている。通貨を発行・管理する国や中央銀行のような存在はいないが、「マイナー（採掘者）」と呼ばれる人たちの検証作業によって、正しい取引データがブロックチェーンに記録されている。検証作業に成功したマイナーは、一定数のビットコインを報酬として受け取っている。

マイニングする際の1秒当たりの計算力を「ハッシュレート」と呼ぶ。平たくいえば、マイニングを行う力だ。市場全体のハッシュレートが大きいとビットコインの取引がスムーズに行われ、逆に小さいと取引遅延や手数料高騰などの問題が生じる。

ビットコインのハッシュレートは、事業としてマイニングに取り組む企業が増えてきたことで、年々拡大してきた。しかし、ハッシュレートが一時的に急落する局面は珍しくない。その際にビットコイン価格が下落することもあるので要注意だ。

ハッシュレート急落の理由として目立つのが、国家による規制だ。2021年5月の急落は、マイニングシェアの高かった中国でマイニングが禁止されたことが原因だった。22年の年初には、カザフスタンの大手通信事業者がインターネットを遮断したことで急落を招いた。通信事業者は、政情不安の広がりを抑えたいカザフスタン政府の意を受けたとされる。

ビットコイン価格が下落した後も、ハッシュレートの動きをよく見ておこう。無料でチェックできるサイトがネット上にある。ビットコイン価格が反発するタイミングを予想するうえで役立つだろう。

ビットコイン価格が大きく下落すると、米ドルなどの法定通貨に換算したときのマイニング報酬がその分下がる。小規模マイナーは損益分岐点を下回ってしまい、マイニングの一時停止もしくは撤退を余儀なくされる。だが、資金力などのある大規模マイナーがマイニングを強化することで、ハッシュレートとともにビットコインの価格が下げ止まる傾向にある。

21年5月の中国によるマイニング規制の際もそうだった。マイニングの担い手が中国から米国などにシフトしたことでハッシュレートは底打ち。ビットコイン相場も反発、上昇に転じた。

■ ハッシュレートで相場の反発を読む

—ビットコイン価格とハッシュレートの推移—

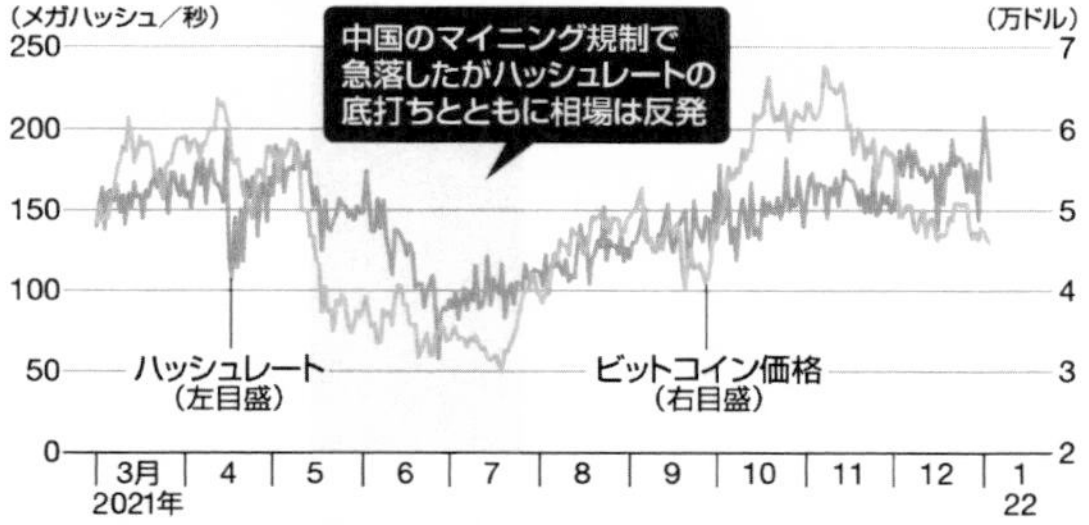

(注)1メガハッシュ/秒は毎秒100万回の計算ができることを示す

(出所)Nasdaq Data LinkとCoinGeckoのデータを基にマネックス証券作成

ドミナンス

「ドミナンス（占有率）」とは、暗号資産市場全体の時価総額に占めるビットコインの時価総額の割合を指す。この割合の変化を見ることによって、市場の過熱感を測ることができる。

2017年から18年初めにかけて、暗号資産の新規発行による資金調達手法が流行した。ビットコイン以外の暗号資産（アルトコイン）が数多く発行され、ビットコインのドミナンスは大きく低下した。

アルトコインが盛んに発行される局面では、ビットコインの価格も上昇する傾向にある。新しく発行されるアルトコインの値上がりを期待して、より多くの資金が市場に流れ込むからだ。ビットコインとアルトコインの間での売買も活発になる。しかし、アルトコインの売買が繰り返されて市場の過熱感が高まると、ドミナンスの低下とともにビットコインの価格が急落する傾向が見られる。

17年当時は、とくに12月に入って「アルトコインバブル」が生まれ、ビットコインの価格も高騰した。しかし、市場が過熱する中で値動きがしだいに荒くなり、ドミナンスが底をつけた18年1月には高騰前の水準にまで暴落した。

バブル崩壊後は、各国における暗号資産の規制強化によってアルトコインの発行が抑制された。そのため20年にかけてドミナンスは上昇してきたが、21年には一転して大きく低下した。ＤｅＦｉ（分散型金融）やＮＦＴのブームで、アルトコインの発行が再び活発になったことが背景にある。

今の市場ではドミナンスの上値として70%付近、下値として40%付近が意識されている。これらの水準に近づくとドミナンスが反転するように市場参加者は動いている。22年初めに、アルトコインの売りとともにビットコイン価格が急落してドミナンスが一時40%を割り込んだ際も、ビットコインを買い戻す動きが出た。

■ **転換点となるドミナンスは70%と40%**
―ビットコイン価格とドミナンスの推移―

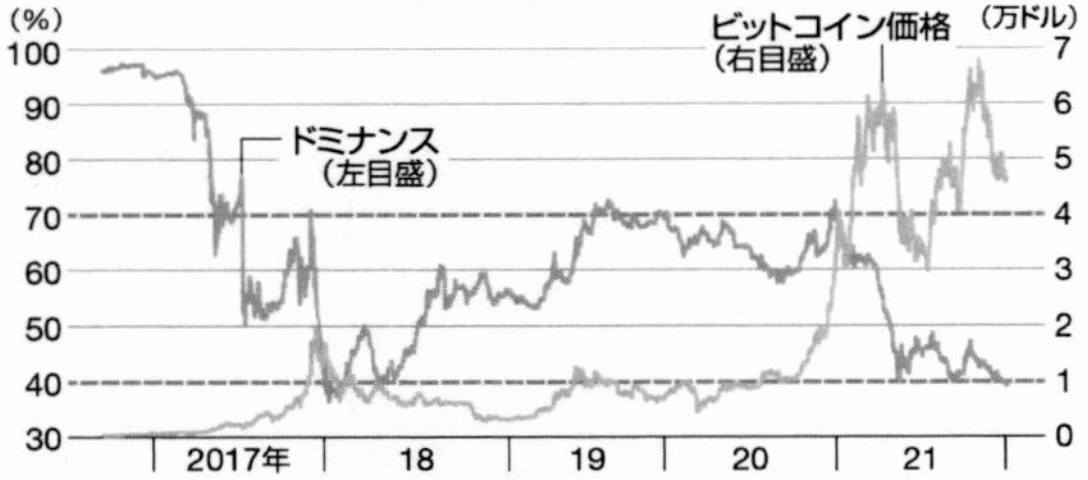

(出所)TradingViewのデータを基にマネックス証券作成

半減期サイクル

２０２１年のビットコイン相場は、大きな下落がありながらも１１月に史上最高値を更新する大相場となった。実はこの大相場、事前に予期されていた。キーワードは「半減期サイクル」だ。

先述したように、ビットコインではマイニングという検証作業がある。作業に成功したマイナーは、６・２５ビットコイン（約３１００万円）を報酬として受け取る。

報酬の支払いに伴い、ビットコインが新規に発行されている。その発行量が約４年ごとに半減するタイミングを半減期という。０９年のビットコイン誕生から１２年１１月、１６年７月、２０年５月と、これまでに３度の半減期を迎えた。

ビットコインは総発行量が２１００万枚と決められている。そのうえ、半減期のたびに新規供給量が減るわけだ。市場拡大に伴う需要増加を前提とした場合、新規供給量の減少はビットコインの希少性の高め価格上昇期待を生む。

■半減期から翌年にかけて価格が上昇

—半減期後のビットコインの価格トレンド—

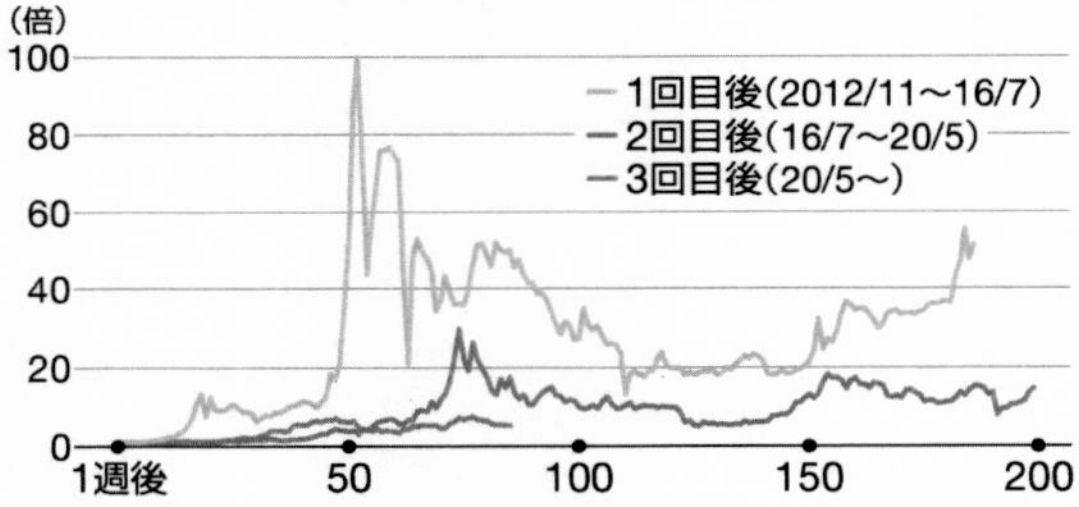

(注)各半減期直後のビットコイン価格を1として指数化
(出所)Investing.comのデータを基にマネックス証券作成

実際、過去3度の半減期では、半減期の後からその翌年にかけてビットコイン価格が大きく上昇した。13年には一時10万円を突破し、半減期直後の価格から約100倍にもなった。次の半減期は24年。回を重ねるごとに上昇比率は小さくなっているとはいえ、半減期翌年の25年には大相場が再び訪れるかもしれない。

松嶋真倫（まつしま・まさみち）
大阪大学経済学部卒業。都市銀行退職後にスタートアップ企業で暗号資産・ブロックチェーンの業界調査に従事。2018年12月にマネックスグループ入社。21年3月から現職。

1年で時価総額は4・5倍の17兆円に

膨張するステーブルコイン

「米国はインターネットの中心通貨として米ドルの使用を積極的に促進すべきだ」

2021年12月8日、暗号資産関連企業6社の経営トップが招かれた米下院金融サービス委員会の公聴会。時価総額第2位のステーブルコイン、「USDコイン（USDC）」を発行する米サークル社のジェレミー・アレールCEOは、規制導入を提唱する議員らを前に、普及促進の重要性を訴えた。

価値が乱高下するビットコインなどと異なり、裏付けとなる準備資産を持つなどして法定通貨と価値をひも付けるのが、ステーブルコインだ。暗号資産投資がブームとなる中、USDCや米テザー社が運営する時価総額1位の「テザー（USDT）」など米ドルと連動したステーブルコインの発行が急拡大し、1月11日時点の時価総額は

1522億ドル（約17兆円）と1年前の4・5倍にまで膨らんでいる。

これを受けて世界の当局は一斉に制度整備へ動き出した。焦点の1つは、発行者が保有する準備資産だ。

・2020年9月：欧州委員会が暗号資産規制案を公表
・同年10月：G20が制度整備前のグローバル・ステーブルコイン発行は不適当と声明
・2021年1月：英財務省が規制案協議を開始
・同年10月：FATF（金融活動作業部会）がマネーロンダリング・テロ資金供与に関する規制を提示
・同年11月：米大統領金融市場作業部会が銀行免許と同様の水準の規制案を公表
・2022年2月：日本の金融庁が法改正でステーブルコインを定義づけ、業規制を導入

■ 価値は守られているのか
―主なステーブルコインにおける裏付け資産の内訳―

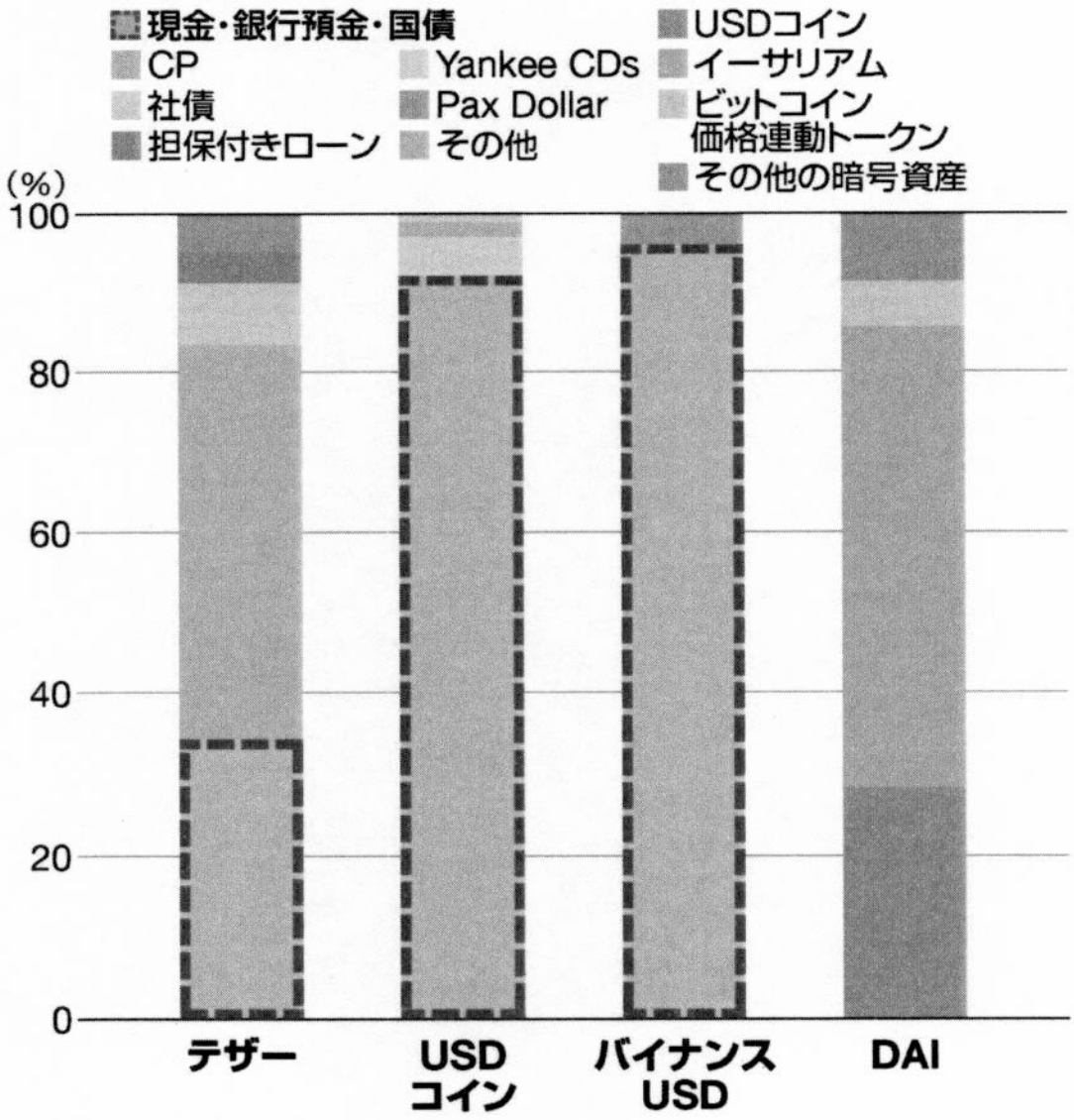

（注）時点はテザーが2021年6月、USDコインが20年8月、バイナンスUSDが21年7月、DAIが21年8月。当時、DAIの担保は200％以上、その他のステーブルコインは少なくとも発行残高と同額以上の裏付け資産を保有。21年9月時点でUSDコインは裏付け資産の100％を現金および現金同等物にすると発表。CP＝コマーシャルペーパー、Yankee CDs＝米国内における外銀発行の譲渡性預金

（出所）IMF「Global Financial Stability Report」

これまでテザーをめぐっては、ＣＰ（コマーシャルペーパー）や社債などリスク性資産での保有や不透明な運用が露呈。今後の法改正では、額面価額での償還請求に確実に応じられるよう、預かり資金の保全方法や情報開示で規制導入が予定される。米国ではステーブルコインの発行者を事実上銀行に限定する政府規制案が出ており、公聴会では「やりすぎ」との反対意見も出たが、サークル社は銀行免許取得の意向を表明している。

そのほか、顧客や取引の管理を行う仲介者については、マネーロンダリング対策や利用者保護などで規制導入が検討されている。

日本の金融庁も今国会での法改正を準備中だ。具体的には、額面価額での償還を約束するステーブルコインについて発行者を銀行や資金移動業者などに限定。アルゴリズムで価値の安定を図るタイプのステーブルコイン（前グラフのＤＡＩが該当）については従来の暗号資産と同じ扱いとする。

着々と規制導入の準備が進むステーブルコインだが、各国当局が想定する送金・決済分野での利用拡大が本当に進むかは定かでない。現在、ステーブルコインは通常の送金や決済でほとんど使われておらず、多数のキャッシュレス決済手法が普及する中、どこまでニーズがあるのかは不透明だ。

ではなぜ、かくもステーブルコインは注目されるのか。謎を解くカギは、「インターネットの中心通貨」というアレールCEOの発言にある。どんな可能性があるのか、ステーブルコインの進化の経緯とともに見ていこう。

金利収入が新たな魅力

ステーブルコインの存在感が増したのは、ある意味必然だ。ビットコインは価格変動が激しく、投資家にとって利益確定売りなどポジション調整が必要となる。その際、法定通貨に換金すると交換所手数料が非常に高く、実現益への課税という問題も発生する。

これに対し、ステーブルコインなら暗号資産の交換だけでポジション調整を行えるため、ネット内の待機資金置き場として最適だ。さらにこの特徴を後押しするものとして「ＤｅＦｉ（分散型金融）」が登場し、ステーブルコインの投資家に金利収入など新たな収益機会を提供した。

現在ＤｅＦｉの主役である「ＤＥＸ（分散型取引所）」や「レンディング」では、仮想的な流動性プールという場所にユーザーが暗号資産を預けると金利収入を得ることができる。原資となるのは、流動性プールで暗号資産の交換や借り入れを行ったユーザーからの報酬や利息だ。現状では暗号資産への需要が強いため、ＤＥＸなどで得られる利回りは数十％～数百％ともいわれ、伝統的な金融サービスより格段に高い。

リスクを取って値上がり益を追求するだけだった暗号資産投資に「元本保証」「高金利収入」の道が開かれたことの意味は大きい。こうしてステーブルコインを購入するユーザーは急増したわけだ。

もっともＤｅＦｉが今後、どこまで拡大するかはまだ不透明だ。「現在の利用は技術者コミュニティーの世界に限られ、暗号資産で巨額の富を築いたＩＴリテラシーの高い人たちが、利益の一部を使ってゲーム感覚で行っている」（ＤｅＦｉに詳しい金融関係者）。

またＤｅＦｉは、暗号資産技術（ブロックチェーン）上のスマートコントラクトというプログラムが自動的・自律的に動いてサービスが運営されている。そのため、不具合などで１つのトークンの価値が暴落し、ほかのトークンやＤｅＦｉのサービスへ飛び火して投げ売りや取り付け騒ぎを起こす可能性がある。こうした厄介なリスクがあるにもかかわらず、中央の運営者は不在のため、実効的な規制をいかに整備するかも課題だ。

ただ、こうしたデメリットを勘案してもステーブルコインには将来の可能性があるということだろう。ＤｅＦｉには保険やデリバティブ（金融派生商品）、予測市場など２００種類以上のサービスが存在するとされ、さらにステーブルコインは、ゲームや評価経済、ネット空間内のリモートワークでの報酬支払いなどとも親和性が高い。新たなネット経済圏での通貨流通が生まれる可能性がある。

ちらつく米国の覇権主義

国家側の視点から見ると、そうした将来のネット経済圏での「基軸通貨」を誰が担うのかは重要なポイントだ。米ドルに連動したステーブルコインが突出した使い勝手や利回り、信頼性を獲得するなら、米国以外の市民もネット空間では米ドル建てのステーブルコインを選好するだろう。仮にそうした世界が広がれば、1970年代以降のユーロダラー（米国以外の銀行に預けられた米ドル預金）の拡大がその後の世界金融を変えたように、世界のマネーフローに大きな影響を与える可能性がある。

先の公聴会で、アレールCEOは「近い将来、ネット上の米ドルは、テキストメッセージや電子メールのように効率的に広く利用されるようになる」と証言。USDCの普及が国益になることをしたたかににおわせている。ステーブルコインは今後、国家を巻き込んだネットや通貨の覇権争いに発展する可能性がある。

（野村明弘）

進化する企業の資金調達

暗号資産の広まりは、企業における資金調達のあり方をも変えようとしている。その例の1つとして挙げられるのが、「IEO（イニシャル・エクスチェンジ・オファリング）」だ。資金調達を行いたい企業がトークン（証票）を発行し、暗号資産交換所を通して、それを投資家に販売することで、暗号資産ベースの資金が調達できる。

申し込み倍率は24倍

暗号資産交換所のコインチェックは2021年7月、日本初となるIEOを実施した。NFTプラットフォームを運営するハッシュパレットの「パレットトークン（P

LT)」を売り出し、9億3150万円を調達した。

注目すべきは、わずか6分で販売枠が埋まったことだ。投資家の申し込み倍率は24・11倍に上り、売り出し価格が4・05円のところ、直後に交換所の販売価格は約11・5倍の46・12円にまで吊り上がった。PLTの時価総額も最初の40・5億円から、一時は945億円まで膨らんだ（22年1月13日時点では391億円）。

第2弾として予定されているのは、スポーツクラブなどの団体や個人のトークン発行・販売を行うフィナンシェの「フィナンシェトークン」だ。22年夏までに販売される見込みとなっている。

コインチェックの大塚雄介執行役員は「単なる資金調達ではなく、コミュニティーをつくる機能を持つトークンを発行する場合には、IEOが最適。フィナンシェはトークンを通じてクラブを応援するといった点で、IEOとの相性がいいと判断した」と語る。

IEOがここまでの注目を集めたのは、従来手法と比較して安全性が高いとされるからだ。

これまで、暗号資産を使った資金調達として有名だったのは「ICO（イニシャル・コイン・オファリング）」だった。ICOの場合、投資家は企業が発行したトークンを直接購入する。ただプロジェクトの内容や実現可能性は、発行体となる企業が公開するホワイトペーパーで投資家自らが確認、判断をするしかなかった。

その結果、「ICOプロジェクトの大半が詐欺案件」（60代のある投資家）ともいわれる。トークンで資金を調達はしたものの、肝心のプロジェクトが実行されず、発行元の企業が雲隠れしてしまうのだ。投資家保護の法制度も整備されておらず、「泣き寝入りする投資家も少なくない」（同）。

この問題を改善したのが、IEOだ。プロジェクトの質を交換所が審査したうえで、投資家に販売される。交換所の目利き力に依存するため、すべてのリスクを取り払えはしないが、数あるプロジェクトの中から、比較的安全性の高い案件を選ぶことができる。

あらゆる資産を証券化

新たな資金調達手法はＩＣＯ、ＩＥＯだけではない。暗号資産の基盤技術となるブロックチェーンを活用した「ＳＴＯ（セキュリティートークン・オファリング）」にも注目が集まっている。

トークンを発行して資金調達する点はＩＣＯやＩＥＯと同じだが、中身は微妙に異なる。

■ 審査によって投資家が守られるように ―ICO・IEO・STOそれぞれの概要―

	ICO イニシャル・コイン・オファリング	IEO イニシャル・エクスチェンジ・オファリング	STO セキュリティートークン・オファリング
発行するもの	トークン	トークン	セキュリティートークン （有価証券）
対象となる法規制	資金決済法	資金決済法	金融商品取引法
審査の有無とその主体	なし	あり （暗号資産交換業者）	あり （金融商品取引業登録業者）
発行の難易度	低	中	高
特徴	審査がないため、詐欺的な案件も発生した	交換所が審査するため、ICOより安全とされる	証券であるため、不公正な取引なら金商法で守られる

最大の特徴はＳＴＯで発行される「セキュリティートークン（ＳＴ）」が法律上、有価証券として扱われる点にある。取り扱いできるのは金融商品取引業者に限定され、５０名以上に勧誘を行う際は目論見書を作成するなどの義務が発生する。既存の証券と同様に投資家を保護する法律が適用されるため、より安全な投資が可能となる。

こうした特徴からＳＴは「デジタル証券」と呼ばれることも多い。ただし、取り扱う資産は株や債券といった証券会社が取り扱うものにとどまらない。不動産、航空機、船舶をはじめ、嗜好品であるワインやスニーカーなど実物の資産も証券化できる。１人で保有するのが当たり前だった資産の所有権や利用権を、複数の投資家で保有することができるようになる。

これまで実物の資産が証券化されてこなかったのは、証券を発行したり管理したりするコストが高く、資産が持つ価値に見合わなかったからだ。しかし、ブロックチェーンを用いたＳＴは、コストを大きく削減できる。対象となる資産の幅が広がり、証券をより小口化することも可能になる。投資家から見れば、幅広い資産に少額から投資できるというわけだ。

この分野では既存の金融業界のプレーヤーが目立つ。三菱ＵＦＪ信託銀行は、２１年3月にＳＴを発行・管理するプラットフォーム「Progmat（プログマ）」を開始した。同7月には不動産運用のケネディクスが、１１月には三井物産がそれぞれ不動産を対象としたＳＴＯを実施している。今後は「株主優待のようなトークンを付与する機能の拡充や（中央銀行による発行を含む）デジタル通貨との連携で、投資家にとっての利便性を上げていきたい」（三菱ＵＦＪ信託の齊藤達哉プロダクトマネジャー）という。

ＳＴの取引市場も生まれる。ＳＢＩホールディングス（ＨＤ）は２１年4月に「大阪デジタルエクスチェンジ（ＯＤＸ）」という私設取引所の運営会社を設立。２２年春をメドに株式の取り扱いから始め、将来的にはＳＴも取り扱う予定。ＩＣＯやＩＥＯとは違い、プログマと同様、法定通貨ベースの独自ブロックチェーン技術を活用する考えだ。

取引市場が発生すれば、ＳＴが本格的に流通する体制が整う。投資家が増えれば、資金調達のハードルも下がるだろう。株や融資以外の選択肢の登場は、金融機関のあり方を変える可能性も秘めている。

（藤原宏成）

「日の丸通貨連合」の思惑

まさにデジタル通貨の「日の丸連合」だ。

ＮＴＴや三菱商事、メガバンクなど日本の大企業の連合体が、２０２２年度中にブロックチェーン（分散型台帳）技術を活用した独自のデジタル通貨「ＤＣＪＰＹ」（仮称）の商用化を目指す。

ＤＣＪＰＹはビットコインと異なり、資産の裏付けがある「ステーブルコイン」の一種といえる。通貨の価値は日本円と連動しており、銀行預金にひもづく。暗号資産特有の荒い値動きがないため、送金・決済用の通貨として需要掘り起こしを狙う。ユーザーはすでに保有している銀行口座とは別に、もう１つＤＣＪＰＹ用の口座をつくることになる。

大連合の母体は、インターネットイニシアティブ（ＩＩＪ）傘下のディーカレットが中心となり、２０年6月にメガバンク3行などと立ち上げた「デジタル通貨勉強会」だ。同１１月にはそれが「デジタル通貨フォーラム」に発展。参加企業・団体の数は増え続け、２１年末時点で７４の企業・団体が参加する。電力から小売りまで幅広い業種に及び、日本を代表する企業が名を連ねる。

現在、同フォーラムの参加企業・団体は、テーマごとにユースケースを検討する１０の分科会に所属し、実証・研究を進めている。

ディーカレットの時田一広社長は、「ＤＣＪＰＹは通貨にプログラムを実装できることに意義がある。参加する多くの組織は、それにより自社のＤＸ（デジタルトランスフォーメーション）を進めることを期待している」と話す。

■イオンやNTTなど日本の大企業が結集
―デジタル通貨フォーラムの概要―

テーマ別の分科会	主な参加企業・団体
電力取引	関西電力、エナリス
小売り・流通	セブン銀行（セブン&アイ・HD）
地域通貨	福島県会津若松市、宮城県気仙沼市
行政事務	三菱UFJリサーチ&コンサルティング
ウォレットセキュリティ	セコム、IIJ
電子マネー	イオン、キャッシュレス推進協議会
セキュリティトークン決済実務・制度検討	フューチャーアーキテクト、野村HD
加盟店精算	JCB
NFT	凸版印刷、KDDI
産業流通における決済	三菱商事、NTT
合計	メガバンク3行を含む74社・団体（2021年末時点）

（注）企業名は一部略称　（出所）取材を基に東洋経済作成

決済の自動化を実現

ＤＣＪＰＹとＤＸは、どう関係するのか。まずＤＣＪＰＹは、2層構造の設計になっている。通貨を発行・送金・償却する「共通領域」と、独自のアプリ・サービスを展開できる「付加領域」に分けることで、付加領域では各企業・団体が独自にカスタマイズできる仕組みとなっている。ＤＣＪＰＹを発行する共通領域は、銀行などの金融機関が管理する。

付加領域では例えば、あらかじめ指定した支払いなどの取引を自動化できる「スマートコントラクト」の実装が想定されている。紙ベースでは「月末締めの翌月払い」だった企業間取引を、一つひとつ自動的に決済できるようにする。「（請求書作成などの）事務作業を減らすことができる」（時田社長）利点があるという。これがＤＸの一例といえるわけだ。

送金・決済の手数料そのものについても、ブロックチェーン技術などを用いて、銀行振り込みと比べ抑えていく方針とみられる。

当面は日本国内の法人と個人を対象に想定しており、利用できる場所も日本国内に限られる。だが、将来的には非居住者による利用や日本国外での利用の可能性についても視野に入れているという。

再エネやNFTで実証

参加企業の取り組みも始まっている。「電力取引」の分科会に所属するエナリスは、ＤＣＪＰＹを用いた電力取引プラットフォームの展開を目指す。発電者と需要家が電力の売買を行い、両者がＤＣＪＰＹを活用。企業などがそこで購入した再生可能エネルギー電力の利用比率などの情報をＤＣＪＰＹを通じてエナリスが収集し、銀行など金融機関に与信情報として提供する仕組みだ。「脱炭素化の流れを受け、電力取引情報に関する金融機関のニーズは高い」（エナリスみらい研究所の楠玄香シニアスペシャリスト）。

■再エネの「見える化」や与信に活用
—エナリスのユースケース—

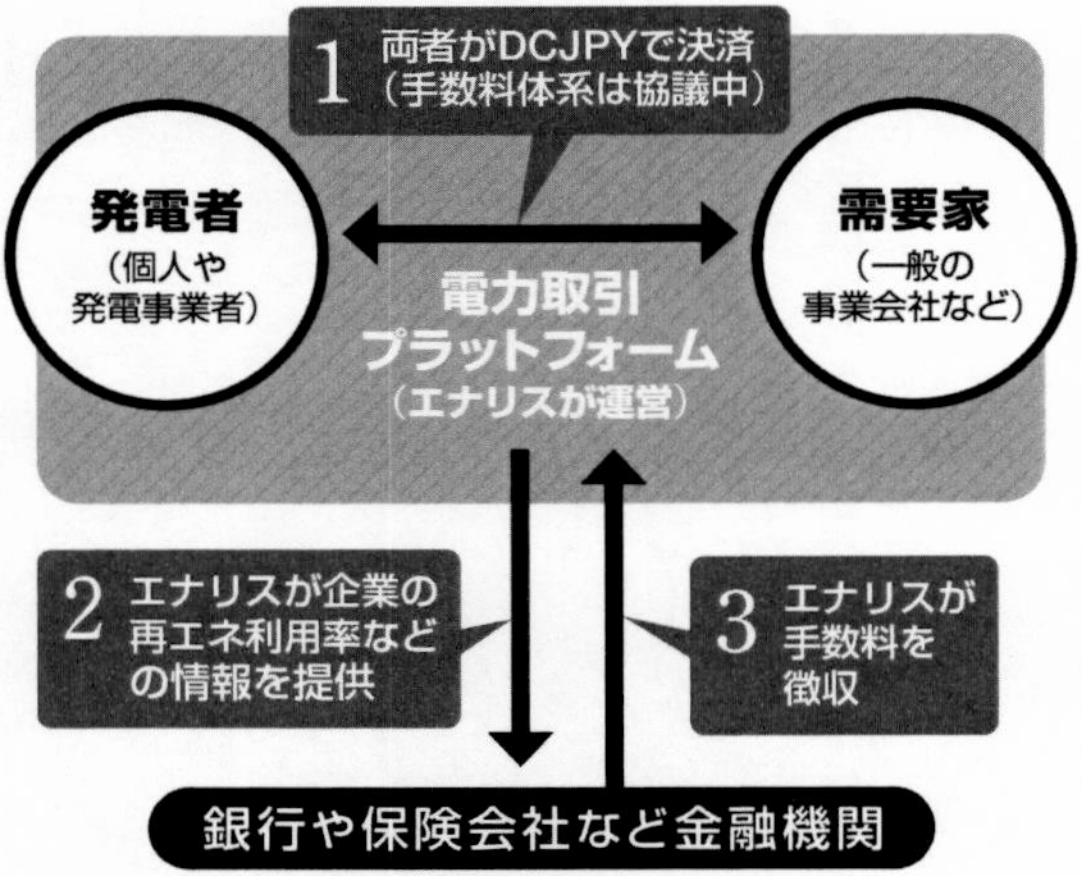

（出所）取材を基に東洋経済作成

「ＮＦＴ（非代替性トークン）」や「加盟店精算」など8つの分科会に所属する凸版印刷は、取引先との決済自動化といった業務効率化に加え、決済関連サービスでＤＣＪＰＹを使う道を模索する。

ＮＴＴドコモなども所属するＮＦＴ分科会では、22年中をメドに、ＤＣＪＰＹを使った決済に対応したＮＦＴマーケットプレースの実証実験を実施する。

ＤＣＪＰＹは将来的に、中央銀行デジタル通貨（ＣＢＤＣ）との連携も想定している。その点、デジタル通貨フォーラムの座長は元日本銀行決済機構局長でフューチャー取締役の山岡浩巳氏が務め、シニアアドバイザーには元金融庁長官の遠藤俊英氏が就くなど、関係省庁とのパイプづくりは周到だ。

一方、ＤＣＪＰＹをめぐっては、「大企業の囲い込みで本当にユーザーの利便性が上がるのか」（暗号資産交換所の関係者）といぶかる声もある。同じ日本発のステーブルコインでも、グローバルでの標準規格を目指すＪＰＹＣとは違い、ＤＣＪＰＹはあくまで日本国内の利用を対象にしており、広がりは限定的になる。

ビットコインなどとは一線を画した取り組みは浸透するのか。今後は国の制度整備との連携もカギを握りそうだ。

（高野馨太）

国内で一足先に実用化

円と連動のＪＰＹＣ

２０２１年１２月、都内百貨店の松屋銀座で、ステーブルコインを使った商品購入の試みが始まった。使われているのは、日本円との交換レートを一定に保つ「ＪＰＹＣ」。日本のスタートアップ企業であるＪＰＹＣが２０２１年１月に発行を開始し、現在２億円分が流通している。

法律上の暗号資産には該当せず、「自家型前払い式支払い手段」として発行されている。自家型は発行企業の店舗でしか使えないため、ＪＰＹＣ社が店舗となり、代理で購入した商品を購入者に渡す。

米先行企業も注目

ＪＰＹＣは銀行振り込みによる送金で誰でも入手可能だ。「１ＪＰＹＣ＝１円」でモノを購入したり、インターネット上のビザ加盟店で使える「Ｖプリカギフト」に交換したりできる。「Ｖプリカに交換できることが、円に対する価値の下支えになっている」とＪＰＹＣ社の岡部典孝社長は話す。ただ現状の利用シーンは、実物の商品ではなく、ＮＦＴの購入が大半を占めるという。

ＪＰＹＣ社は２１年１１月、約５億円を資金調達した。特筆すべきは、米ドル連動のステーブルコイン「ＵＳＤＣ」を発行する米サークルが出資したことだ。サークルは米暗号資産交換所大手のコインベースと、ステーブルコイン発行における標準化規格の策定に動いている。ＪＰＹＣ社もそれに準拠することで、国内にとどまらない、「日本発・世界標準」のステーブルコイン発行企業を目指す。

（緒方欽一）

花開くＮＦＴビジネス

日本のスポーツ界が今、ＮＦＴ（非代替性トークン）に沸いている。

プロ野球パ・リーグ６球団が出資するパシフィックリーグマーケティング（ＰＬＭ）は２０２１年１２月、メルカリと共同で、人気選手の名場面を収めた動画トレーディングカード事業「Exciting Moments β」を開始した。まずは動画自体の販売から始め、クレジットカードで購入できるようにする。早ければ２２年中にも、ＮＦＴの発行や暗号資産での購入、ユーザー間取引の機能を提供する。収益の一部は選手にも還元され、販売数量によって希少性と価格が変わる仕組みだ。

ＮＦＴは、ブロックチェーン上で画像や動画などのデジタルコンテンツが唯一無二のものと示す証明書。第三者への転売もしやすくなり、希少性の高いものは高値で取引されている。

企業と個人に生まれるメリット ―取引の流れ―

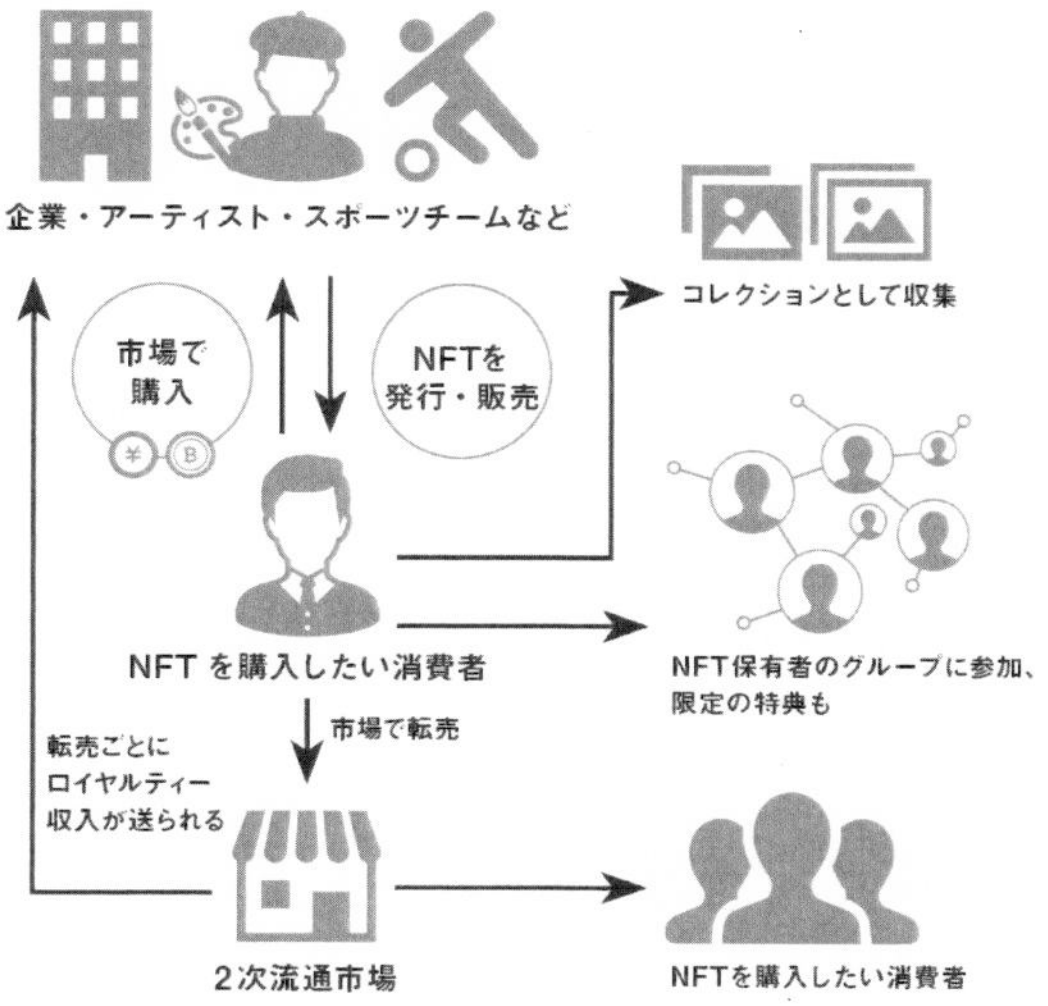

(出所)取材を基に東洋経済作成

「コロナ禍で観客数が減っている中、球場外でファンを増やすチャンス。観戦だけでなく、収集する楽しみでも盛り上げたい」。PLMの根岸友喜CEOはそう意気込む。サービスの企画・運営を担うメルカリの伏見慎剛・NFT担当執行役員は、「NFTを大衆化させる意味でプロ野球は魅力的。NFT購入者限定で選手との交流機会を提供するなど、さまざまな利用の仕方も模索する」と話す。

これに先立つ21年11月には、ディー・エヌ・エーと傘下の横浜DeNAベイスターズが球団主催試合の選手動画を用いたNFTの販売を開始した。LINEが開発したブロックチェーン技術を活用しており、LINEユーザーは簡単に購入・譲渡が可能。売買機能の実装も計画している。DeNAスポーツ事業本部デジタル推進グループの下島海氏は、「新たなファングッズにして収益機会を増やしたい」と意欲を見せる。

サッカー界もNFTに手を伸ばす。Jリーグは21年8月、スポーツゲーム開発のOneSportsなどとライセンス契約を結び、リーグ所属選手の育成ゲームを展開することを明らかにした。育成した選手のカードをNFTとして取引できるようにする。

なぜプロスポーツのNFTビジネスが急激に盛り上がったのか。火付け役となったのが、20年末から米国で大ブームとなった「NBAトップショット」だ。米プロバスケットボールリーグNBAでプレーする選手の動画をトレカとして販売。ファン同士での売買もできることから、値上がりを見込んだ投資家も流入し、数千万円の価格がついたものも出現した。累計売り上げは8億ドル（約900億円）を超える。

トップショットの企画・開発を担ったのが、カナダのブロックチェーン開発企業、ダッパーラボだ。今回のブームで世界の注目を浴び、企業価値は75億ドル（約8500億円）にまで膨らんだ。

ダッパーラボは21年11月、日本のスマートフォンゲーム大手、ミクシィと業務提携を結んだ。主力ゲーム『モンスターストライク』が右肩下がりのミクシィは、JリーグのFC東京の運営元を買収するなど、近年はスポーツ事業に力を入れている。木村弘毅社長はダッパーラボとの提携発表時に、「彼らのクリエーティビティーは私が嫉妬するほど優れている」とコメント。NFT事業への新規参入をもくろむ。

ＩＰホルダーが前のめり

スポーツに限らず、ＮＦＴはファンビジネスとの相性がいい。アイドルやアニメ、ゲームといったＩＰ（知的財産）を持つ企業もＮＦＴに前のめりとなっている。人気アイドルグループの「ももいろクローバーＺ」は２１年9月に1枚1万円でＮＦＴトレカを発売し、１１００枚超がわずか1時間で完売した。同１２月には、手塚プロダクションが『鉄腕アトム』の１０００枚のＮＦＴアートを1枚3万円ほどで発売し、こちらも1時間で売り切れた。

こうしたＮＦＴが売買されるマーケットプレースの最大手が米国の「オープンシー（OpenSea）」だ。２１年8月には月間流通総額が過去最高となる３６００億円を記録。直近では約３５０億円の資金調達を行い、企業価値は1兆５０００億円に達した。

急増する取引量に国内のＩＴ大手も商機を見いだす。ＧＭＯインターネットは２１年8月に独自のＮＦＴ取引所「Adam byGMO」を開設。すでに音楽家の小室哲哉氏や坂本龍一氏ら著名人が作品を出品している。２２年春には、ＬＩＮＥや楽天グループも取引所に本格参入する。前出のメルカリも、フリマのＮＦＴへの拡大に意欲的だ。

オープンシーではＮＦＴの購入に暗号資産しか使えないが、日系各社の取引所に共通するのはクレジットカードなどによる日本円決済に対応している点だ。加えてこれまでのＮＦＴ取引はブロックチェーンの一種「イーサリアム」上で行われてきたが、ＬＩＮＥや楽天は独自開発のチェーンを採用する。購入者に対するコスト高騰が問題視されているイーサリアムの「ガス代」をかからなくする。

ＬＩＮＥのブロックチェーン子会社ＬＶＣの田中遼マネージャーは、「(コストを抑制することで）より幅広いユーザーに体験してもらいたい。ＬＩＮＥの中で売買が完結するよう利便性も追求した」と話す。１９年に独自チェーンを早期に公開したことで、同社には多くのＩＰホルダーからＮＦＴ事業の協業打診が舞い込んでいる。前出のＤｅＮＡやＪリーグ、ももクロのほか、スクウェア・エニックス、テレビ朝日などの技術基盤をＬＩＮＥが担う。

楽天は1億人を超える楽天ＩＤユーザーの取り込みを狙う。「クレカのほか、楽天ポイントも使えることが強み」（ＮＦＴ事業部の梅本悦郎ゼネラルマネージャー）。動画配信やチケット、電子書籍などにおけるＩＰホルダーとの関係性を生かして、出品者を呼び込む方針だ。

ファンが喜ぶ仕掛けを

取引所側が盛り上がる一方で、「ファングッズとしてＮＦＴを持つ魅力をユーザーに提供できている例はまだ少ない」と指摘するのが、電通コンテンツビジネス・デザイン・センターの武田陽佑ビジネスプロデューサーだ。同社は２２年春にゲーム開発会社と共同で、アニメの名シーンを収めた動画トレカのマーケットを始める。「すべてのトレカを集めた人への特典を設けたり、ファンコミュニティー内で保有するカードを自慢したり交換したりなど、〝集める喜び〟を生み出したい」（武田氏）。

ファンコミュニティーを盛り上げる手法としていち早くＮＦＴに目をつけたのが、マンガアプリ「ＧＡＮＭＡ！」を手がけるコミックスマートだ。２０年7月にアプリ内のオリジナル作品『猫娘症候群（かとるすしんどろーむ）』でＮＦＴアイテムを発行。購入者は限定マンガが読めるほか、２次創作の権利が付与される。提携ゲームでもアイテムとして使えるようにした。「いわゆるプロセスエコノミー。作品とファンを継続的につなぐ場として、ＮＦＴの可能性を感じている」と、コミックスマートの福西祐樹取締役は語る。

ＮＦＴの用途はほかにも、ゲームアイテムやデジタルファッションなど多様だ。海外発のビジネスチャンスを勝ち取る企業は日本にも現れるか。

（中川雅博）

「芸術家に創作資金を還元する画期的技術だ」

GMOインターネット 会長兼社長・熊谷正寿

「インターネットの登場と同じくらいすごいこと」。GMOインターネットの熊谷正寿会長兼社長は、NFTについて興奮気味にそう表現する。同社は2021年8月から、NFTマーケットプレース「Adam byGMO」を開始。著名なアーティストらが相次いで出品している。熊谷社長にNFTの将来性を聞いた。

――なぜNFTに、そこまでの期待を寄せているのですか。

デジタルデータの唯一性を証明する部分に注目が集まっているが、柔軟な課金手段になりうる点に最大の可能性がある。

例えば書籍の流通では、書店で本を買うと、店と著者、出版社にお金が入る。だがブックオフのような2次流通に出すと、その店と売った人にしかお金が入らない。一方でNFTは「スマートコントラクト」(指定した取引を自動化するブロックチェーン上の仕組み)を使い、2次流通でも3次でも4次でも、著作権者や出版社に一定の販売収入があるように設定できる。これまではネット上で知名度が上がっても、収入は上がりにくかった。音楽CDがよい例。あらゆるIP(知的財産)ホルダーやアーティストに創作資金を戻す機能が登場したと思っている。

損失出しても諦めず

——これまでGMOはネットのインフラ系の事業が中心でした。なぜ今IPホルダーの支援を?

そもそも当社は、暗号資産の可能性に日本で最初に気づいた会社だ。暗号資産ビジネスの要素はマイニング、交換所、決済の3つ。17年から本格参入し、一時は相場の急落によってマイニング事業で350億円の特別損失を出したが、諦めずに粛々とやってきた。そんな中、決済の延長線上でNFTが登場。20年の夏くらいから研究し始め、翌年の初めに社内で事業化を宣言した。

——再び暗号資産価格の変動が打撃になることはないですか。

影響は受けると思う。ただNFTに注目している理由は新たな課金手段という点。暗号資産との関連性は重視していない。アダムでは、日本円でのクレジットカード決済ができるので、(メルカリやヤフオク！などの)通常のマーケットと変わらない。

——そもそもなぜマーケットプレース事業をやることに?

NFTという課金手段の可能性を感じてもらうには、マーケットが必要だったからだ。消費者が気軽に取引できる場は今までなかった。私はアートが大好きだが、コレクターが売買するにはオークション会社に持っていかなければいけなかった。しかもこれはごく一部の人の世界。NFTマーケットでは個人がすぐに取引できる。

今現在では日本語、日本円でやっているのはわれわれだけ。銀行も証券も決済も暗号資産の交換所もイチからつくってきた。NFTではまだ詐欺も多いが、安心安全を担保している。エバンジェリストとして世の中に広めていく。

――GMOとして積極的にアーティストを誘致するのですか。

マーケットなので来る者は拒まずというスタンスだ。坂本龍一さんや小室哲哉さん、ユーチューバーのヒカルさんらがすでに出品しているが、ビッグネームからも要望があればどんどん組みたい。

日本語、英語のほかに中国語にも対応する。日本企業として、日本のコンテンツを海外に紹介する窓口にしたい。

（聞き手・中川雅博）

熊谷正寿（くまがい・まさとし）

1963年生まれ。91年ボイスメディア設立。95年にネット事業を開始。99年に上場。2001年グローバルメディアオンライン（GMO）に社名変更。

「プロスポーツの財源は投機マネーで拡大できる」

ミクシィ 社長・木村弘毅

プロスポーツでNFTの活用が広がる中、ミクシィの攻勢が目立っている。2021年は暗号資産交換所のビットバンクや、米NBAのNFTトレーディングカードを企画・開発したカナダのダッパーラボ社と立て続けに提携。同年末にはJリーグのFC東京の運営元を子会社化した。木村弘毅社長は、これらのピースをどう組み合わせるのか。

――NFTはスポーツ界をどう変えていきますか。

音楽にしても、ゲームのアイテムにしても、個人がデジタルなものをコレクションする時代になった。NFTがあれば、唯一性が証明され、売買できるようになる。「プロ野球チップス」のカードのような景品もそう。例えばファンクラブに入ったら、選手のNFTトレカを買う権利をもらえるといったことも増えるだろう。

ファンではない人にいかに試合に足を運んでもらうか、お金を使ってもらうかという考えが今のスポーツには足りない。スポーツのNFTがオープンな市場で取引されるようになれば、将来の値上がりを狙った投機目的のお金など、ファン以外からの資金流入が増える。これは、スポーツベッティング（賭け事）と同じだ。

公営競技と比較すると、Jリーグやプロ野球は収入規模が小さい。NFTは財源拡大の契機になりうる。

相次ぐ提携の理由

――ビットバンクやダッパーラボと組み、どのようなサービスを展開するのでしょう。

まだ詳細は言えないが、スポーツやゲームなどのコンテンツ資産を生かし、クリエーティブ面にもこだわったNFT事業を展開したい。ダッパーラボと提携したのは、プロダクトを高く評価したからだ。彼らが開発したNBA向けのサービスは開始から1年足らずで700億円を売り上げた。試合のリプレー映像をトレーディングカードの短尺動画にし、思い出を追体験できるようにした。観戦のあり方を変え、人の感情を揺さぶるような仕掛けを考え出した。

ビットバンクはブロックチェーンで高い技術力を持つ。NFTサービスを開発するうえで組めるのは心強い。今後暗号資産に関する規制が厳しくなると予想される中で、すでに交換業登録を終えているのも大きい。21年9月に70億円を出資した理由もそこにある。

――FC東京子会社化の狙いは。

ベッティングやNFT事業をするためだけに経営権を取得したわけではない。すでにBリーグの千葉ジェッツふなばしを経営しており、スポーツにおけるデジタルマーケティングのノウハウがある。当社は渋谷に本拠があるので、人口の多い23区内の人々に訴求し、ファン層も拡大できる。業界の内側に入り現場を知ることは重要だ。

――リーグ全体での展開も視野に入るのでしょうか?

当然、競技ごとにリーグ全体でやるべきだ。例えば選手が移籍したときに、その選手のNFTトレカを移籍先のチームのファンが買えるよう、同じフォーマットで取引できればよい。トレカだけでなく、「ファントークン」(購入者限定の権利が付与されるNFT)もありうる。トークンを買った育成選手のファンは、選手が一軍でデビューする際にいち早くトレカを買えるようにするなどすれば、チームは選手育成の財源に生かせるだろう。

(聞き手・武山隼大)

木村弘毅(きむら・こうき)
電気設備会社などを経て2008年にミクシィ入社。スマートフォンゲーム『モンスターストライク』でプロデューサーを務め、18年6月から現職。

メタバースが生む巨大市場

雷門から仲見世通りを抜けると、浅草寺の本堂が見えてくる——。メタバースと呼ばれる仮想空間上で、独自の世界をつくれる米国発のサービス「ザ・サンドボックス」。ここに「メタアサクサ（MetaAsakusa）」を構築中なのが、普段カメラマンとして活動する武藤裕也さんだ。

コンピューターグラフィックス（CG）制作についてはまったくの素人だったが、2021年12月、仮想世界に浅草寺周辺の風景を再現するプロジェクトを発足させツイッターなどで呼びかけたところ、多くの個人クリエーターの協力を得た。「協力者の皆さんの熱量がものすごい」（武藤さん）。今後はさい銭を納められる機能なども実装していきたい考えだ。

暗号資産、ＮＦＴ（非代替性トークン）と並んで注目を集めるメタバース。その中でユーザーは自身のアバター（分身となるキャラクター）を介し、ほかの人々との交流などができる。ヘッドセット型のＶＲ（仮想現実）デバイスのほか、パソコンやスマートフォンで楽しめるものも多い。コロナ禍でリアル空間に大人数が集まりにくい中、その代替としても熱狂度を高めている。

１７年からメタバースサービスを提供するクラスターでは、ユーザーが制作キットを用い、カフェや競馬場などさまざまな空間を制作している。「１日１０時間以上滞在し、〝住み着いている〟ユーザーもいる」。クラスターの加藤直人ＣＥＯはそう話す。

仮想空間でお金を稼ぐ人々も現れている。先述のサンドボックスでは、運営会社が空間内の土地をＮＦＴとして定期的に売り出し、毎回数秒で売り切れる人気ぶりだ。独アディダスなどの有名企業や著名人も土地を所有し、その隣接地は高値で売買されている。

メタは「1兆円投資」

最初にメタバースの可能性を世に知らしめたのは、米エピックゲームズが17年に開始した『フォートナイト』だ。100人単位で同時にプレーできるオンラインゲームとして誕生し、世界に数億人のユーザーを持つ。ゲームのほか、空間内で音楽ライブなどを開催できるモード、ユーザーが作った建物などで遊べるモードも備える。

とくに音楽ライブとは相性がよく、一度に1200万人以上を動員するケースも出ている。米津玄師さんや星野源さんがフォートナイト内でバーチャルライブを開催するなど、日本でも注目度は高い。

急速に過熱するメタバース市場には、世界の名だたる企業が参戦している。

大手からベンチャーまで続々参入
—メタバース関連事業を展開する主なプレーヤー—

	運営会社	サービスの特徴
米国勢	メタ（旧フェイスブック）	2021年10月に社名変更。同12月から自社VR（仮想現実）デバイス「オキュラス」シリーズを用いたメタバースアプリを展開
	エピックゲームズ	17年にオンラインゲーム『フォートナイト』を開始。空間内での音楽ライブ開催や、独自の仮想世界の構築も可能
	ロブロックスコーポレーション	06年開始のゲーミングプラットフォーム。利用者は開発ソフトを使い、3Dゲームを制作・プレーできる
	VR チャット	14年開始。VR機器を使い、仮想世界で音声チャットを行える。PCでも遊べるが、アバターの動きに制限あり
日本勢	バーチャルキャスト	ドワンゴなどにより18年サービス開始、ゲームや作成した資産の流通が可能
	リアリティ	グリー子会社。18年開始のバーチャル配信アプリから空間運営機能を拡大中
	クラスター	17年からイベント参加・制作のプラットフォームを提供。法人向けの企画制作支援も
	サードバース	gumiのXR事業から出発。VRゲーム『ソード・オブ・ガルガンチュア』の機能拡張
	シナモン	16年設立。法人向け支援に特化。ショールーム、社内研修など多様な空間を開発
	ヒッキー	18年以降、仮想空間マーケットイベントを定期開催。21年にクラウドサービスも開始

象徴的な存在が、フェイスブックから社名を改めた米メタだ。2021年10月の発表会で、メタバース関連事業の開発などに当たる人材を今後1万人雇用すると発表。すでに同領域に年間約1兆円を投じているという。

同12月には、メタバースアプリ「ホライズン・ワールド」の提供を米国などで開始。自社が開発するVRデバイス「オキュラス・クエスト2」で、仮想オフィスなどを提供する。

「空間への没入感を追求すれば、(友人や同僚など)人と人との距離感を近くできる。これは当社が既存のサービスを通じて目指してきたこと」。フェイスブック ジャパンの味澤将宏代表はそう話す。

海外の事例では、米ナイキが仮想スニーカー販売の企業を21年12月に買収。メキシコ料理チェーンの米チポトレ・メキシカン・グリルは「ロブロックス」内に出店、リアル店舗でブリトーと引き換えられる限定コードを配布する施策を行う。

日本勢で猛攻を仕掛けるのがグリーだ。21年8月にメタバースへの参入を発表。子会社のリアリティが運営する2次元バーチャル配信アプリを発展させる形での事業拡大を狙う。今後2、3年でメタバースを次の柱へ育成する。

直近ではバンダイナムコホールディングスやセガなど、強力なＩＰ（キャラクターなどの知的財産）を持つ企業が関連市場へ踏み出している。ゲームや作品などの世界観を仮想空間で表現しようとする動きは活発で、米ウォルト・ディズニー・カンパニーも２１年１１月の決算発表時に名乗りを上げた。

漫画のＩＰを保有する出版社を顧客に抱える国内印刷大手の大日本印刷（ＤＮＰ）も、独自のメタバース構想を発表している。「リアルな場所やグッズへの需要が消えるわけではない。現実と仮想空間をつなぐようなビジネスでは、当社にしかできない役割があると思う」（ＤＮＰでメタバース領域を担当する上田哲也課長）。

２１年４月から企画展・物販などを行う渋谷の自社拠点を活用し、バーチャルと両軸で開催するファンイベントなどを展開している。

ドコモ、ＫＤＤＩも食指

商機を見いだすのは、メタバースを活用したい企業の支援を行う会社も同様だ。前出のクラスターは個人向けに加え、法人向けの企画や開発も行う。エンタメ関連に加え、社内外のコンファレンスに使いたいという要望も多いという。「全社会議を行うのには、膨大な交通費や宿泊費がかかる。一方でビデオ会議だと一体感を出しづらいため企業側のニーズは高い」（加藤CEO）。

法人向け支援に特化するシナモン（Synamon）は小規模なイベントや会合の支援を売りにする。例えば、21年4月に三井住友海上火災保険向けに、事故車を精査する人員の研修用の仮想空間を構築した。以前は研修所で実物を前に行っていたが、大幅に簡便化。空間内ではメジャーを使って傷のサイズを測るなど、リアルな体験を目指す。

ほかにも小売企業のVRショールームなど、案件は豊富だ。「（メタバース活用に）興味はあるが、アイデアがないという会社は多い。初期のコンサルティングから担い、目的に合った活用を支援する」（シナモンの武井勇樹COO〈最高執行責任者〉）。

これらのベンチャーに目をつけるのが通信各社だ。NTTドコモは21年11月、世界最大級のVRイベント「バーチャルマーケット」を運営する日本のベンチャー・ヒッキーに65億円を出資。「XR（VR・AR〈拡張現実〉などの総称）がポストスマホとして日常・非日常を問わず利用される世界を実現する」と意気込む。ＫＤＤＩも前出のクラスター、シナモンにそれぞれ出資している。

もっとも、メタバースブームは今回が初めてではない。

過去のブームの象徴的な存在が、米リンデンラボが２００３年から運営する「セカンドライフ」だ。日本でもサントリー、電通、三越などの大手企業が続々参画した。ところが、利用者数は０７年をピークに減少に転じ、サービスは現存するが、企業は相次ぎ撤退した。

過去のブームと違う点

今回のメタバースブームは何が違うのか。ポイントは3つある。

1つ目は、デバイスやネットワークの進化だ。当時に比べるとスマホやＶＲデバイスが普及し、気軽にメタバースを楽しめる。

2つ目は、急速に醸成されたデジタル文化。ＳＮＳが一般化し、人々が現実と必ずしも同一でないバーチャルのアイデンティティーを持つことが当たり前になった。「女子高生と話すと、学歴よりインスタグラムのフォロワーが欲しいという声をよく聞く。この価値観はメタバースと相性がいい」。ブロックチェーン技術を用いたサービスなどを展開するガウディの石川裕也CEOはそう分析する。

3つ目は、ユーザーや企業が「稼げる」機会が増えたことだ。ここ10年でネット通販やサブスクリプションサービスが普及し、スマホやPCでデジタルにお金を払うことは日常化した。加えて、メタバース経済圏をさらに強力にするのがNFTだ。〝コピーし放題〟だったネットの世界に、「本物・偽物」「所有」「資産化」などの概念が根付き始めたのだ。

その結果、デジタル上の資産を個人がスムーズに売買できるシステムが整い、ゲームアイテムなどを制作するクリエーターも増えてきた。「数年内には、メタバース内で建てた家などを販売し、親より稼ぐ子どもが続出する」。VRゲームを展開するサードバースの國光宏尚CEOはそう展望する。

メタバースがマスに定着するかを占ううえでは、拭えない懸念もある。その1つは、デバイスやVR制作の技術が、進化したとはいえ未熟だという点だ。また、技術の特性や限界を理解しないまま踏み込んでいる企業も少なくない。

前出のシナモンの武井氏は、「顧客企業のアイデアの中には、そのままだとユーザーがVR内で酔ってしまうようなものもある」と話す。「細かなサービスの調整を怠ると、ユーザー離れやVRそのものへの〝がっかり感〟が生じる危険もある」(同)。

もう1つの懸念は、新しい市場に抱かれるイメージだ。21年12月に技術・サービスの普及などを目指す業界団体・日本メタバース協会が設立された。ただ、暗号資産系企業4社が音頭を取る組織構成に対し、「投機の対象とみられてしまうと、普及の足かせになりかねない」(あるIT企業の幹部)と疑問の声も上がっている。

すでに中国では、メタバース上での暗号資産取引や未成年の利用に対する規制強化の機運もある。日本では18年に暗号資産交換所で巨額の流出事件が起き、一気に規制が強化されることになった。それだけに、健全な利用環境づくりが市場発展のカギを握りそうだ。

(長瀧菜摘、武山隼大)

GAFAを揺さぶる「ウェブ3・0」

〝Code is Law（コードこそが法律である）〟――。

米国の法学者ローレンス・レッシグ氏が、サイバー空間における統治のあり方に一石を投じたのが2000年代初頭。ソフトウェアのソースコードは人々の行動を規定し、法規則と同じ重要性を持つと論じた氏の説は、今でも政策当局者や専門家がたびたび引き合いに出す「格言」として知られる。

一方で、現在のインターネットは「GAFA」の寡占状態となっている。〝Code is Law〟の決まりに従えば、コードを支配するGAFAには、誰もあらがえなくなっているのが現状だ。

そうした構図へのカウンターアクションとして生まれた概念が「ウェブ3・0」だ。

21年ごろから暗号資産やブロックチェーン業界の関係者が使い始めた。08年のリーマンショック後、既存の金融システムへの不信や不満に応えるかのように、ビットコインが誕生した経緯と重なる面も多い。

ウェブ1・0はユーザーが読むだけの簡単な情報だったが、ウェブ2・0ではユーザー自身が自分で情報を発信できるようになった。ウェブ3・0はそこからさらに進み、ユーザーにデジタル情報の所有権がもたらされるようになった。本誌で触れてきた「NFT（非代替性トークン）」は、その象徴的な存在といえるだろう。

次世代のトレンドとして期待が高まる

インターネットの進化と変遷

	時期	主要なサービス	代表的企業
ウェブ 1.0	1990年代	ホームページや電子メールなど	ヤフー、イーベイ、ネットスケープ
ウェブ 2.0	1990年代後半から2010年代	SNSや検索、eコマースなど	フェイスブック、グーグル、アマゾン
ウェブ 3.0	2020年代～?	NFT、メタバース、DeFiなど	ダッパーラボ、オープンシー、スカイメイビス

（出所）各種資料を基に東洋経済作成

ウェブ3・0はなぜ、GAFAの中央集権を打破する可能性があるのか。ブロックチェーン上の顧客基盤開発を行うGaudiyの石川裕也CEOは、「これまでアプリや電子書籍のストアは開発者や個人に対し、30%やそれ以上の手数料を課していた。ウェブ3・0の到来でP2P（個人間の直接取引）が可能になると、その負担が大幅に減る」と説明する。

GAFAの巨大な権力は国家と衝突している。米国では超党派議員が21年8月、アップルやグーグルがアプリストア上で決済システムの利用を開発者らに強制することを禁じる法案を提出した。韓国では新法が成立し、アップルが世界で初めてアプリストア内で他社の決済手段を認めることが22年1月に明らかになった。ウェブ3・0の世界になれば、「こうした競争の阻害要因は限りなくゼロになる」（石川氏）という。

米国市民に支持する声

ウェブ3・0関連の事業をめぐっては、スタートアップの資金調達も目覚ましく増えている。

21年の暗号資産・ブロックチェーンに関する資金調達額は同11月時点で前年の4倍となる267億ドル（約3兆円）となった。米最有力のベンチャーキャピタル（VC）、アンドリーセン・ホロウィッツは21年6月、22億ドル（約2500億円）規模の暗号資産関連の専門ファンドを設立。ウェブ3・0はVCにとって〝金のなる木〟と目されている。

現に21年4月に株式上場した米暗号資産交換所コインベースは、一時1120億ドル（約12・8兆円）の時価総額を記録し、ブロックチェーン開発企業のダッパーラボは未上場ながら1兆円近くの企業価値をつける。いずれもアンドリーセンの投資先だ。

同社は12月、ウェブ3・0に関するこんなアンケート結果を発表している。2000人超の対象者にウェブ3・0を説明してその感想を聞いたところ、「消費者が自分自身のデータをよりコントロールできるようになる（93％が同意）」「インターネットのセキュリティーとプライバシーの向上（93％が賛成）」「中国がテクノロジーで米国を追い抜くのを防ぐ（88％が賛成）」など前向きな調査結果が得られたという。

ただ、ウェブ3・0はVCやスタートアップによる単なる口車、つまり儲けの手段ではないかという懐疑的な見方もある。

格差への不満が原動力

ツイッター創業者のジャック・ドーシー氏は21年末、「ウェブ3・0はあなたのものではない。VCとその投資家が所有し、彼らのインセンティブから逃れられない。それは結局のところ、別のラベルを持つ中央集権的な実体だ」とツイート。テスラのイーロン・マスクCEOも、「ウェブ3・0を見たことがありますか？　私はありません」と投稿している。

特定の仲介者や管理主体に依存しない非中央集権の仕組みを支持する人たちの間でも、ウェブ3・0に対する期待度はまちまちだ。「技術の進化スピードが速く、立場によって見方も変わる。そのため、何がウェブ3・0かの共通理解ができ上がっていない」（暗号資産業界関係者）のが実情だ。

ＧＡＦＡに代表される中央集権体制に対する不満は根強く、コロナ禍で拡大した富の格差が若者を中心にウェブ3・0支持に向かわせている面もある。ウェブ3・0は、社会構造そのものを変えるのか。既存の秩序は大きなうねりの中にある。

（二階堂遼馬）

【週刊東洋経済】

本書は、東洋経済新報社『週刊東洋経済』2022年1月29日号より抜粋、加筆修正のうえ制作しています。この記事が完全収録された底本をはじめ、雑誌バックナンバーは小社ホームページからもお求めいただけます。

小社では、『週刊東洋経済eビジネス新書』シリーズをはじめ、このほかにも多数の電子書籍ラインナップをそろえております。ぜひストアにて「東洋経済」で検索してみてください。

『週刊東洋経済eビジネス新書』シリーズ

No.383　不動産投資　光と影
No.384　コンサル全解明
No.385　大転換の商社ビジネス
No.386　会社とジェンダー
No.387　全解明　経済安全保障

No.388　ソニー　掛け算の経営
No.389　２０５０年の中国〔前編〕
No.390　２０５０年の中国〔後編〕
No.391　相続の新常識
No.392　無敵の文章術
No.393　物流　頂上決戦
No.394　すごいベンチャー２０２１〔前編〕
No.395　すごいベンチャー２０２１〔後編〕
No.396　米国株　超入門
No.397　ビジネスと人権
No.398　無敵の話し方
No.399　ＥＶ　産業革命
No.400　実家のしまい方
No.401　みずほ　解けない呪縛

No.402　私大トップ校　次の戦略
No.403　ニッポン再生　7つの論点
No.404　マンション管理
No.405　学び直しの「近現代史」
No.406　電池　世界争奪戦
No.407　定年格差　シニアの働き方
No.408　今を語る16の視点　2022
No.409　狙われる富裕層
No.410　ライフシフト超入門
No.411　企業価値の新常識

週刊東洋経済eビジネス新書　No.412
暗号資産&NFT

【本誌（底本）】
編集局　二階堂遼馬、緒方欽一
デザイン　藤本麻衣、杉山未記、伊藤佳奈
進行管理　三隅多香子
発行日　2022年1月29日

【電子版】
編集制作　塚田由紀夫、長谷川　隆
デザイン　市川和代
制作協力　丸井工文社
発行日　2022年11月24日　Ver.1

発行所　〒103-8345
東京都中央区日本橋本石町1-2-1
東洋経済新報社
電話　東洋経済カスタマーセンター
03（6386）1040
https://toyokeizai.net/
発行人　駒橋憲一
©Toyo Keizai, Inc., 2022

電子書籍化に際しては、仕様上の都合などにより適宜編集を加えています。登場人物に関する情報、価格、為替レートなどは、特に記載のない限り底本編集当時のものです。一部の漢字を簡易慣用字体やかなで表記している場合があります。本書は縦書きでレイアウトしています。ご覧になる機種により表示に差が生じることがあります。

本書に掲載している記事、写真、図表、データ等は、著作権法や不正競争防止法をはじめとする各種法律で保護されています。当社の許諾を得ることなく、本誌の全部または一部を、複製、翻案、公衆送信する等の利用はできません。

もしこれらに違反した場合、たとえそれが軽微な利用であったとしても、当社の利益を不当に害する行為として損害賠償その他の法的措置を講ずることがありますのでご注意ください。本誌の利用をご希望の場合は、事前に当社（TEL：03-6386-1040もしくは当社ホームページの「転載申請入力フォーム」）までお問い合わせください。

※本刊行物は、電子書籍版に基づいてプリントオンデマンド版として作成されたものです。